내 영혼의 내비게이션

말씀과
함께하는
영적 가이드

"여호와는 나의 목자시니 내게 부족함이 없으리로다 그가 나를 푸른 풀밭에 누이시며 쉴 만한 물 가로 인도하시는도다 내 영혼을 소생시키시고 자기 이름을 위하여 의의 길로 인도하시는도다 내가 사망의 음침한 골짜기로 다닐지라도 해를 두려워하지 않을 것은 주께서 나와 함께하심이라 주의 지팡이와 막대기가 나를 안위하시나이다 주께서 내 원수의 목전에서 내게 상을 차려 주시고 기름을 내 머리에 부으셨으니 내 잔이 넘치나이다 내 평생에 선하심과 인자하심이 반드시 나를 따르리니 내가 여호와의 집에 영원히 살리로다"(시편 23편).

| 이동원 |

생명의말씀사

내 영혼의 내비게이션

ⓒ 생명의말씀사 2009

2009년 10월 5일 1판 1쇄 발행
2019년 8월 28일 8쇄 발행

펴낸이 | 김재권
펴낸곳 | 생명의말씀사

등록 | 1962. 1. 10. No.300-1962-1
주소 | 서울시 종로구 경희궁1길 5-9(03176)
전화 | 02)738-6555(본사) · 02)3159-7979(영업)
팩스 | 02)739-3824(본사) · 080-022-8585(영업)

지은이 | 이동원

기획편집 | 정순화, 김지혜
디자인 | 박소정, 김은경
인쇄 | 영진문원
제본 | 정문바인텍

ISBN 978-89-04-15867-6

저작권자의 허락없이 이 책의 일부 또는 전체를
무단 복제, 전재, 발췌하면 저작권법에 의해 처벌을 받습니다.

내 영혼의 나비게이션

말씀과
함께하는
영적가이드

| 서 문 |

지금은 내비게이션의 시대입니다.
내비게이션 없이는 운전을 못하는 시대가 되었습니다.
그만큼 내비게이션의 정확도가 중요한 때가 된 것입니다.
우리 모두 시원찮은 내비게이션 때문에 고생했던 경험이 있습니다.
그리스도인들은 성경을 가장 완벽한 내비게이션으로 믿습니다.
그럼에도 그 내비게이션을 제대로 활용 못하는 현실을 봅니다.
그래서 가까이 갈 길에서도 평생을 방황하곤 합니다.

신앙생활은 구도자와 새 신자의 모습으로 시작합니다.
이들에게 무엇보다 필요한 것이 바로 정확한 내비게이션입니다.
이 책은 그런 용도를 두고 집필 되었습니다.
이 책이 천국에 도달하기까지 한 내비게이션이 되었으면 합니다.
물론 믿을 만하고 정확한 내비게이션이기를 소망합니다.
하나님의 말씀을 근거로 한 가이드이기에 그런 소망을 갖습니다.
이 책은 결국 성경을 손에 잡으실 수 있도록 안내할 것입니다.

자, 그럼 이제 영원을 향해 나아갈 준비가 되셨는지요?

저와 함께 여행을 떠나는 모든 순례자들을 축복합니다.

성경을 손에 들고 이 책을 함께 읽어 내려가 주십시오.

「내 영혼의 내비게이션」을 잊지 마십시오.

할 수 있으면 도움이 필요한 다른 순례자에게도 천거해 주십시오.

우리 모두 서로를 격려하면서 이 길을 가야 하기 때문입니다.

마침내 이 순례가 끝나는 날,

우리의 참 내비게이토 되신 분에게 영광을 돌려 주십시오.

무엇보다 중요한 부탁이 있습니다!

이 책을 읽으면서 각 장의 마지막에 실린 방향 질문에 반드시 답해 보십시오. 이 질문이 우리의 내비게이션이 될 것입니다. 감사합니다.

함께 순례자가 된, 이동원 목사(지구촌 교회)

주후 2009년 가을에.

Content

서문 | 5

PART 1
영원으로의 출발 *Start*

1. 영원을 사모하는 마음 | 11
2. 영원한 순례 | 21
3. 영원한 친구 | 29
4. 영원한 생명 | 39
5. 영원한 거처 | 49

PART 2
영원을 향한 성숙 *Growth*

6. 영원한 확신 | 63
7. 영원한 행복 | 73
8. 영원한 말씀 | 83
9. 영원한 갈망 | 93
10. 영원한 소통 | 103
11. 영원한 공동체 | 113

PART 3

지상에서의 책임 Responsibility

12. 순례자의 교회 봉사 | 125
13. 순례자의 부부 생활 | 135
14. 순례자의 자녀 양육 | 145
15. 순례자의 직장 생활 | 155
16. 영원한 예배 | 166
17. 영원한 스타 | 175

PART 4

영원을 향한 추구 Pursuit

18. 영원한 우선순위 | 187
19. 영원한 지금 | 197
20. 영원한 가치 | 207
21. 영원한 투자 | 217
22. 영원한 감사 | 226
23. 영원한 만족 | 236
24. 영원한 동행 | 246

말씀과
함께하는
영적 가이드

PART 1

Start
영원으로의 출발

영원을 사모하는 마음 | 영원한 순례 | 영원한 친구 | 영원한 생명 | 영원한 거처

"범사에 기한이 있고 천하만사가 다 때가 있나니 날 때가 있고 죽을 때가 있으며 심을 때가 있고 심은 것을 뽑을 때가 있으며 죽일 때가 있고 치료할 때가 있으며 헐 때가 있고 세울 때가 있으며… 하나님이 모든 것을 지으시되 때를 따라 아름답게 하셨고 또 사람들에게는 영원을 사모하는 마음을 주셨느니라 그러나 하나님이 하시는 일의 시종을 사람으로 측량할 수 없게 하셨도다"(전 3:1-3, 11).

chapter 1
영원을 사모하는 마음

1963년 11월 23일 금요일 낮 12시 30분경, 미국 달라스 시 한복판에서 오픈카 퍼레이드를 하며 달라스 광장 서적 회사 코너를 지나던 미국 대통령 차를 향해 세 발의 총성이 울렸습니다. 그리고 다음 순간 미국 역사상 가장 큰 인기와 존경을 누리던 뉴 프런티어의 상징, 존 F. 케네디(John F. Kennedy)가 쓰러졌습니다. 그날 대통령의 호주머니에는 그가 잠시 후 하기로 되어 있던 연설문(Trade Mart Speech) 카드가 들어 있었습니다. 이 연설문의 마지막 문단은 "범사에는 때가 있다"는 전도서의 말씀, 지금은 미국이 세계 평화를 지키기 위한 파수꾼의 사명을 감당하기 위해 국력을 신장시키려 힘써야 할 때라는 내용이 기록되어 있었습니다. 그리고 이어서 "주께서 성을 지켜주지 아니하시면 파수꾼의 경성함이 헛되다"는 시편 말씀으로 글이 마무리되어 있었습니다. 물론 이 연설은 발표되지 못했고, 한 나라의 파수꾼인 그의 사명도 그것으로 끝났습니다.

케네디 대통령은 세상을 떠나기 몇 달 전, 국가 조찬 기도회에 참석하여 빌리 그레이엄(Billy Graham) 목사의 "영원을 준비하라"는 말씀을 듣습니다. 기도회 후에 그는 빌리 목사님에게 잠시 백악관으로 가서 설교에 대하여 좀더 이야기할 수 있겠느냐고 청합니다. 하지만 그때 빌리 목사님은 감기 중이어서 대통령에게 병원균을 옮기고 싶지 않다며 다음에 이야기를 나누면 좋겠다고 사양했다고 합니다. 케네디가 쓰러진 11월 23일, 이 뉴스를 접한 빌리 그레이엄 목사는 순간적으로 몇 달 전 워싱턴에서 자기에게 백악관으로 가서 좀더 이야기할 수 없겠느냐고 간청하던 대통령의 애절한 얼굴이 떠올랐다고 합니다. 그날 감기를 구실로 케네디와 더불어 영원에 대한 대화를 나누지 못하고 복음을 충분히 전하지 못한 것이 일생 최대의 후회라고 빌리 그레이엄은 그의 전기에서 고백하고 있습니다. 오늘 우리가 읽은 전도서 3장 11절에서 성경은 "사람들에게는 영원을 사모하는 마음을 주셨느니라 그러나 하나님이 하시는 일의 시종을 사람으로 측량할 수 없게 하셨도다"고 했습니다.

그렇습니다. 한 나라의 최고 지도자인 대통령에게도 그리고 거리에서 방황하는 가난한 이웃들에게도 하나님은 동일하게 영원을 사모하는 마음을 주셨습니다. 그렇다면 왜 인간은 영원을 사모하게 되었을까요?

시간은 모든 것을 채워 주지 못한다

오늘 본문 11절에서는 "하나님이 모든 것을 지으시되 때를 따라 아름답게 하셨다"고 했습니다. 우리가 인생을 살면서 경험하는 모든 때는 나름대로의 아름다움을 갖고 있습니다. 마치 일 년 사계절이 각각의 고유한 아름다움을 갖고 있듯이 말입니다. 겨울잠을 깨고 다시 기지개를 켜는 새싹들의 아름다움이 봄의 아름다움이라면, 여름은 푸르른 신록으로 자연을 단장하고 우리를 우거진 녹음으로 초대하는 아름다움의 매력을 갖지 않습니까? 낙엽이 떨어져 쌓인 가을 거리에서 우리는 사색의 깊은 아름다움을 느낄 수 있으며, 겨울은 온 대지를 순백의 눈발로 덮는 아름다움을 선물하지 않습니까? 인생의 유년기가 꿈으로 가득 찬 동화 속의 왕자와 공주의 계절 곧 봄의 계절이라면, 사춘기와 청년기는 열정과 갈등을 함께 겪는 치열한 여름의 계절이라고 할 만 합니다. 무르익어 가는 인생의 꿈과 좌절을 함께 수확하는 장년기가 우리의 가을이라면, 인생의 노년기는 겨울잠을 준비해 온 태도에 따라 포근할 수도 한없이 외로울 수도 있는 시기입니다. 그리고 이 모든 계절은 제각기 그 나름대로의 독특한 매력과 아름다움을 우리에게 선물합니다.

그럼에도 불구하고 우리는 끊임없이 불만족하고 무엇인가의 부족함에 허우적거립니다. 젊은 사람도 부유한 사람도 성공한 사람도 모두 마찬가지입니다. 한 기자가 성공한 부호 록펠러(Rockefeller)에게 이렇게 물었다고 합니다. "당신은 지금까지 소유한 모든 부요함으로 만족하십니까?" 그의 대답은 놀랍게도 "아니오"였습니다. 기자는 다시 묻습니다. "그러면 얼마나 더 소유해야 만족하시겠습니까?" 그의 유명한 대답이 무엇인지 아십니까? "조금만 더요."(Just a little more)가 바로 그 대답입니다. 인간은 결코 시간이 흐르고 돈과 지위가 생긴다고 해서 만족할 수 있는 존재가 아닙니다. 그래서 파스칼(Pascal)은 "모든 인간 존재 안에는 하나님이 아니면 채울 수 없는 공백이 있다"고 한 것입니다. 이 세상에 있는 어떤 것, 이 세상의 시간이 줄 수 있는 그 무엇으로도 채워지지 않는 공백 말입니다.

우리 모두는 내세와 영원에 대한 욕망을 가진 채 살도록 되어 있습니다. 배고픔의 욕망은 먹을 것의 실재를 가정하고, 목마름은 마실 것의 실재를 가정합니다. 이성에 대한 욕구는 사랑할 수 있는 이성의 실재를 가정하지 않습니까? 그렇다면 내세에 대한 동경은 내세와 영원한 세상을 전제하는 것이 아니겠습니까? 혹시 중국 서안에서 유명한 진시황의 진시황릉이나 병마용을 구경하신 적이 있으십니까? 내세에 가서도 자신의 권력과 목숨을 지키기 위한 그 치열한 갈망의 흔적은 무엇을 말해 주고 있습니까? 이 세상만으로 끝날 수 없는 저 세상에 대한 동경이 아니겠습니까? 그래서 유명한 철학자 칸트(Kant)는 전통적인 의미에서 신앙인은 아니었지만, "내세는 있어야만 하는 당위(ought to be)의 세상"이라고 한 것입니다. 시간이 모든 것을 채워 주지 못하기 때문입니다.

시간은 모든 것을 상실하게 한다

우리는 모두 더 나은 삶, 더 나은 환경, 더 나은 인생의 조건을 기대하며 삽니다. 그러나 시간은 잔인하게도 우리에게서 우리가 소중히 여기는 것들을 하나씩 하나씩 가져가다가 마침내는 이 모든 것을 빼앗아 갑니다. 오늘의 본문인 전도서 3장에 보면, 때가 모두 28번 등장합니다. 그런데 이 28개의 때는 다 짝을 갖고 있습니다. 그래서 사실상 14개의 짝으로 되어 있는데, 14개는 긍정적이지만 다른 14개는 부정적입니다. 그러므로 이 관점에서 보면 인생은 낙관할 것도 비관할 것도 아닙니다. 긍정적인 것도 부정적인 것도 아닙니다. 다만 우리는 끊임없는 긍정과 부정, 낙관과 비관을 반복하며 사는 것입니다. 그러나 냉정하게 인생을 관찰해 보면, 인생은 죽음으로 끝나고 결국에 가서는 모든 것을 상실하는 것이 인생의 진실입니다. 사도 베드로도 "그러므로 모든 육체는 풀과 같고 그 모든 영광은 풀의 꽃과 같으니 풀은 마르고 꽃은 떨어지되"(벧전 1:24)라고 하지 않았습니까? 또한 철학자 키르케고르(Kierkegaard)는 인간이 "죽음에 이르는 병"을 앓는 존재라고 말했습니다.

자, 본문에서는 우리 인생의 긍정적인 모든 것이 부정에 의해 삼키운다고 증언하지 않습니까? 생명은 죽음에 삼키우고, 심은 것은 결국 뽑힙니다. 치료 받다가 결국은 죽고, 세운 것은 마침내 헐리고 맙니다. 웃다가 울고, 춤추다가 주저앉아 울기도 합니다. 거둔 돌을 다시 던지고, 안았던 사람들을 버리고 떠납니다. 찾은 것을 다시 잃고, 지키던 것을 다시 버립니다. 꿰매었던 것은 다시 찢어집니다. 말하다가도 이내 입을 다물고 침묵해야 합니다. 사랑은 미움으로 바뀌고, 평화는 전쟁으로 깨어집니다. 이것이 인생입니다.

그래서 가수 최희준 씨는 유명한 '하숙생'이란 노래에서 "인생은 나그네 길 어디서 왔다가 어디로 가는가-(2절)인생은 벌거숭이 빈손으로 왔다가 빈손으로 가는가"라고 노래하지 않았습니까? 그런데 이것이 인생의 전부라면 인생은 정말로 허무하지 않겠습니까? 만일 내세가, 영원한 세상이 없다면 말입니다. 이 모든 잃어버린 것들의 회복을 위해서라도 내세와 천국은 있어야 하지 않겠습니까? 그런데 성경은 "한 번 죽는 것은 사람에게 정해진 것이요 그 후에는 심판이 있으리니"(히 9:27)라고 말합니다. 예수께서는 "내가 너희를 위하여 거처를 예비하러 가노니 가서 너희를 위하여 거처를 예비하면 내가 다시 와서 너희를 내게로 영접하여 나 있는 곳에 너희도 있게 하리라"(요 14:2-3)고 약속하십니다. 그래서 우리는 영원을 사모합니다. 이 세상에서 잃어 가며 사모하는 것입니다. 그렇다면 왜 우리는 영원을 사모하는 존재가 되었을까요?

시간은 불공평한 상처를 남긴다

흘러가는 인생의 흔적은 우리에게 주름살을 남깁니다. 물론 이것은 성형으로 많이 달라지게 되었습니다. 옛날에는 여인에게 있어 인생의 4단계가 '소녀, 처녀, 아줌마, 할머니'였는데, 요즈음은 '소녀, 처녀, 아줌마, 보톡스 아줌마'로 바뀌었다고 합니다. 할머니는 없어졌습니다. 그러나 얼굴의 주름살은 없애도 결코 없앨 수 없는 것이 있는데 그것은 바로 마음의 주름살입니다. 이것을 우리는 상처라고 말합니다. 우리는 모두 살아온 세월의 흐름만큼이나 상처를 간직하고 삽니다. 억울한 일, 배신 당한 일, 사기 당한 일, 빼앗긴 일, 짓밟힌 일, 학대 당한 일, 매 맞은 일. 이 모든 상처가 우리 인생을 힘들게 하지 않았습니까? 만일 이 현실이 우리가 바라는 세상의 전부라면 인생은 얼마나 불공평한 것이겠습니까? 그러나 시간을 넘어 영원이 존재한다면, 천국이 존재한다면 인생의 평가는 달라질 수 있지 않겠습니까?

천국은 인생의 모든 상처가 치유 받고 위로 받고 회복되는 세상입니다. 여러분, 우리가 천국 가서 제일 먼저 경험할 일이 무엇이겠습니까? 그것은 치유와 회복입니다. 요한계시록 21장 4절에 의하면 그는 우리의 눈물을 씻어 주십니다. 사망과 애통을 폐하십니다. 다시는 사망이 없고 애통하는 것이나 곡하는 것이 없고 다시는 아픈 것이 있지 아니할 세상에서 새롭게 하신다고 약속하십니다. 그 천국이 없다면 세상은 얼마나 불공평한 곳이겠습니까? 그래서 이 천국의 소망을 소유하고 천국의 주인이신 예수님을 만난, 장애 시인 송명희 자매는 하나님을 공평하신 하나님이라고 노래하지 않았습니까?

본래 송명희 시인은 태어날 때 의사가 태아의 뇌를 집게로 잘못 건드려 신체의 움직임을 조절하는 소뇌가 제 기능을 다하지 못해 일생을 뇌성마비 장애인으로 살게 된 것입니다. 일곱 살 되기까지 너무 가난해서 우유 한 병 먹지 못하고 누워 지내며, 열 살이 넘어서야 겨우 숟가락을 잡게 되었습니다. 모든 것이 너무 절망스러워 사춘기 시절에는 자살을 기도하기도 했습니다. 그러나 나이 17살, 죽더라도 어려서부터 부모 따라 교회를 나갔기에 하나님을 만나고 죽어야겠다고 결심하고는 하루에 몇 시간을 목숨 걸고 기도하며 하나님의 이름을 부르다가 마침내 하나님을 만나고 영혼 가득히 비쳐 오는 빛을 경험했습니다. 거듭난 인생을 살기 시작한 그녀의 마음에 시가 탄생하고 노래가 깃들기 시작한 것입니다. 살아야 할 이유를 발견한 그녀는 온몸을 비틀며 하나님이 마음에 불러 주시는 시를 받아쓰기 시작했습니다.

이렇게 탄생한 시가 바로 '나'라는 시입니다.

나 가진 재물 없으나
나 남이 가진 지식 없으나
나 남에게 있는 건강 있지 않으나
나 남이 갖고 있지 않은 것 가졌으니
나 남이 보지 못한 것을 보았고
나 남이 듣지 못한 음성 들었으며
나 남이 받지 못한 사랑 받았고
나 남이 모르는 것 깨달았네
공평하신 하나님이
나 남이 가진 것 나 없지만
나 남이 없는 것을 갖게 하셨네

송명희 시인은 공산품 제조기처럼 다들 똑같이 살아야 공평한 것이 아니라 천국에서 우리가 각자 받을 영광이 다르리라고 고백합니다. 그래서 그녀는 이런 시를 남기기도 했습니다.

웃는 게 다 기쁨이 아니며
우는 게 다 슬픔이 아니다
하나님은 슬픔으로도 기쁨을 만드시며
하나님은 죽음을 생명으로 바꾸신다.

전도서의 기자도 동일한 약속을 우리에게 전달하지 않습니까? 우리의 슬픔이 변하여 춤이 되게 하시는 분, 우리의 질병을 고치시는 분, 우리가 잃은 것을 찾게 하시는 분, 우리의 미움을 사랑으로 변화시켜 주시는 분, 우리의 전쟁을 평화로 만드시는 분, 우리의 모든 상처를 온전히 치유하시는 분―그분이 바로 치유자 하나님(여호와 라파)이십니다. 그분의 온전하신 치유가 완성되는 나라가 바로 영원한 나라 곧 천국이라고 가르치십니다. 그 나라, 그 영원한 천국이 사모되지 않으십니까? 그 영원한 처소를 준비하신 이가 하나님의 아들이신 예수님이십니다. 그 예수님이 그 영원으로 가는 길의 징검다리이십니다. 그분은 오늘도 이렇게 우리를 초대하십니다. "내가 곧 길이요 진리요 생명이니 나로 말미암지 않고는 아버지께로 올 자가 없느니라"(요 14:6).

 방 | 향 | 질 | 문

1. 당신 속에도 영원을 사모하는 마음이 있는지 살펴보십시오.
2. 당신은 언젠가 맞이하게 될 죽음 건너편에 무엇이 있다고 생각하십니까?

"이 사람들은 다 믿음을 따라 죽었으며 약속을 받지 못하였으되 그것들을 멀리서 보고 환영하며 또 땅에서는 외국인과 나그네임을 증언하였으니 그들이 이같이 말하는 것은 자기들이 본향 찾는 자임을 나타냄이라 그들이 나온바 본향을 생각하였더라면 돌아갈 기회가 있었으려니와 그들이 이제는 더 나은 본향을 사모하니 곧 하늘에 있는 것이라 이러므로 하나님이 그들의 하나님이라 일컬음 받으심을 부끄러워하지 아니하시고 그들을 위하여 한 성을 예비하셨느니라" (히 11:13-16).

chapter 2

영원한 순례

분당에 있는 제 사무실 벽에는 두 사람의 초상화가 걸려 있습니다. 이 두 사람은 저의 초기 목회 사역에 아주 중요한 영적인 영향을 끼쳤던 분들로 모두 영국인입니다. 그리고 두 분 다 침례교 목사이십니다. 그중 한 사람은 찰스 스펄전(Charles Haddon Spurgeon) 목사입니다. 신학계에서는 흔히 그를 '설교의 황태자'라고 일컫습니다. 저는 그분을 통해 설교자의 치열한 삶의 준비, 그리고 그리스도 중심의 복음적 설교의 열정을 배울 수 있었습니다. 또 다른 한 사람은 1600년대 영국의 혼란기에 땜쟁이의 가난한 아들로 태어났습니다. 그는 정규 교육을 거의 받지 못하고 자랐지만, 대단한 독서의 열정을 갖고 고서를 파는 책방에서 헌책들을 사 읽으며 상상력을 키웠습니다. 그는 경건한 자기 아내와 침례교 목사 존 기포드(John Gifford)의 영향으로 회심한 다음 복음의 감격을 이기지 못하여 설교자의 삶을 시작합니다. 그러나 당시 영국 국교의 인정을 받지 않고 설교하는 것이 불법이었기 때문에 감옥에 수감되어 12년간의 옥고를 치르게 됩니다. 더 이상 전도도 설교도 하지 못한다는 생각에 그는 이제 인생이 끝났다고 낙담했습니다. 하지만 어느 날, 비록 몸은 감옥에 있으나 그 누구도 가둘 수 없는 상상력의 여행을 시작하면서 5년간에 걸쳐 인류 최고의 영적 고전을 써 내려 갑니다. 그 책이 바로 「천로역정」(Pilgrim's progress)이라는 책이고 그가 바로 존 번연(John Bunyan) 목사입니다.

저는 사역 초기에 그의 책에 줄을 쳐 가며 읽고 또 읽으면서 상상력의 감화를 받았습니다. 종종 제 설교를 평하는 분들 가운데 저에게 '스토리텔러'(Storyteller)라는 별명을 지어 주시는 분들이 있는데, 그것은 전적으로 '존 번연'의 영향이 아닌가 생각합니다. 잘 아시는 대로 「천로역정」은 위대한 알레고리로써 이 세상을 떠나 천성을 향해 순례의 길을 걷는 크리스천의 일생을 천재적인 상상력으로 묘사하고 있습니다. 그렇습니다. 인생은 여행이고 순례입니다.

저는 모처럼 안식월을 맞아 캐나다를 거쳐 미국 동부, 중부, 서부를 차례로 여행하며 쉬기도 했고 집회를 인도하기도 했습니다. 그런데 이런 여행을 떠나 2주일 정도만 지나면 어김없이 생각나는 것이 집입니다. 그리고 집으로 돌아올 시간이 가까울수록 내게 집이 있다는 것이 얼마나 축복된 일인가를 생각합니다. 우리는 돌아갈 집 없이 떠도는 사람들을 방황자 혹은 방랑자라고 부릅니다. 그러나 그리스도인들은 방랑자가 아닙니다. 우리는 순례자들입니다. 오늘의 본문이 그렇게 가르치고 있습니다. 본문 13절에 보면 그리스도인들은 이 땅에서 외국인과 나그네로 살고 있다고 합니다. 천국의 백성이 되는 순간, 우리는 이 땅에선 외국인(foreigner, aliens)과 나그네(strangers, pilgrim)로 살기 시작한 것입니다. 그렇다면 방랑자가 아닌 성공적인 영원의 순례자로 인생을 살아갈 조건은 무엇일까요? 성공적인 순례자의 조건, 두 가지만 생각해 보겠습니다.

순례자는 그가 돌아갈 궁극적인 본향을 사모해야 한다

이미 말씀드린 것처럼 모든 여행자들은 일정한 시간을 지나면 집을 그리워합니다. 그러나 오늘의 본문은 우리가 일정한 기간 후에 돌아오는 그 집도 우리의 궁극적인 홈(home)은 아니라고 말합니다. 그러면 히브리서 11장에 등장하는, 믿음의 선진들이 바라본 궁극적인 집은 어디였습니까? 히브리서 11장 15-16절이 그 대답을 들려줍니다. "그들이 나온바 본향을 생각하였더라면 돌아갈 기회가 있었으려니와 그들이 이제는 더 나은 본향을 사모하니 곧 하늘에 있는 것이라 이러므로 하나님이 그들의 하나님이라 일컬음 받으심을 부끄러워하지 아니하시고 그들을 위하여 한 성을 예비하셨느니라." 그렇습니다. 우리가 사모할 궁극적인 우리의 본향은 하늘에 있는 집이며, 주께서 당신의 백성들을 위해 예비하신 성읍인 것입니다. 우리는 오랫동안 이 집을 천국이라고 불러 왔습니다.

문제는 우리가 이 본향을 사모하며 살고 있느냐는 것입니다. 오늘날 교회는 이런 내세 신앙을 타계 신앙이라고 비하하는 경향마저 보입니다. 물론 성경적인 천국관의 본질은 하나님의 통치이며 이런 하나님의 통치는 지금 여기서부터 시작된다는 것을 우리는 잊지 말아야 합니다. 하지만 그렇다고 해서 완성된 천국으로서의 궁극적인 본향을 주께서 예비하셨다는 이 위대한 성경적 약속 또한 우리는 잊지 말아야 합니다.

오늘날의 성도들이 지나치게 물질적이고 세속적인 신앙에 빠져 있는 것이, 오히려 저는 이 궁극적인 본향으로서의 천국에 대한 확신과 사모함을 상실한 까닭이라고 믿습니다. 정말로 우리가 주께서 내세로서의 영원하고 영광스런 천국을 예비하셨음을 믿는다면, 그렇게 지금 당장의 세속적인 이익에 매달리는 천박한 모습으로 살아갈 필요가 있겠습니까? 순례자가 여행길에서 출세하고 성공하려다 보면 그는 결국 순례를 포기하게 되지 않겠습니까? 천로역정의 주인공인 크리스천이 아름다운 집에서의 환대도, 허영의 시장의 유혹도 뿌리치고 앞으로 나아갈 수 있었던 것은 천성의 소망 때문이었습니다. 천국은 하나님이 다스리시는 상태이지만 동시에 하나님이 예비하신 도성이라고 본문은 분명히 증거합니다. 이 천국을 사모하는 자들이 바로 영원의 순례자들입니다.

악화된 건강에도 불구하고 1688년 8월, 온 힘을 다하여 전도를 계속하던 천로역정의 저자 존 번연은 마지막 설교를 한 후 폐렴과 고열로 쓰러집니다. 열흘간 몇몇 성도들의 간호를 받아 오던 그가 1688년 8월이 가는 마지막 새벽 잠시 깨어나 주변을 돌아보자, 성도들은 그에게 무엇이 필요하냐고 물었습니다. 그러지 그는 빙그레 미소 짓더니 "됐습니다. 이젠 저의 치유보다 주님의 집에 가도록 기도해 주세요"라고 말했습니다. 그리고는 이렇게 덧붙여 이야기했습니다. "형제 여러분, 주님과 함께 있는 것이 제게는 더 좋은 일입니다." 잠시 후 새벽빛을 향해 두 팔을 들며 "주님, 저를 받아 주세요"라고 외친 존 번연은 이내 조용히 눈을 감았습니다. 영원한 순례를 떠난 것입니다. 그러나 저와 여러분의 순례의 여정은 아직 끝나지 않았습니다. 아직 남아 있는 순례길을 성공적으로 가기 위해서는 우리가 반드시 기억해야 할 사실이 하나 더 있습니다.

순례자는 길을 가는 동안 신적 내비게이션을 **따라야 한다**

이번 안식월 여행 중에 저를 차량으로 안내하던 한 목사님이 "목사님, 이제 우리는 내비게이션 없이는 살 수 없는 시대가 되었어요"라고 하셨습니다. 정말이지 낯선 곳을 순례하는 여행자에게 내비게이션만큼 긴요한 것이 없습니다. 문제는 내비게이션의 정확성 여부입니다. 종종 우리는 내비게이션만 믿고 가다가 잘못된 길에서 방황하거나 시간을 더 낭비하는 경우를 겪습니다. 그러나 영원의 길을 순례하는 성도들에게는 주님께서 오류 없는 내비게이션을 선물로 주셨음을 알아야 합니다. 그것은 바로 하나님의 약속의 말씀인 성경입니다. 전세계에 흩어진 복음주의적 그리스도인들은 성경을 오류 없는 영감의 책이라고 고백합니다. 이 신적 내비게이션의 안내를 따른다면 우리는 방황할 까닭이 없는 순례자로서 살아갈 수 있습니다. 문제는 이것을 믿느냐의 여부입니다. 히브리서 11장은 이 약속의 말씀 안에서 살았던 선진들의 승리로운 순례의 증언들을 담고 있습니다.

히브리서 11장 8절에서는 아브라함이 하나님의 부르심을 받고 갈대아 우르를 떠나 약속의 땅으로 갈 수 있었던 것이 그의 믿음 때문이었다고 증거합니다. "믿음으로 아브라함은 부르심을 받았을 때에… 갈 바를 알지 못하고 나아갔으며." 무엇을 믿었단 말입니까? 하나님의 말씀이지요. 로마서 10장 17절을 기억하십니까? "믿음은 들음에서 나며 들음은 그리스도의 말씀으로 말미암았느니라." 성도들의 믿음은 결코 맹목적이 아니라 하나님의 말씀, 그리스도의 말씀에 근거하고 있는 것입니다. 이 약속의 말씀을 따라 가는 우리의 순례는 그래서 방황이 아닌 약속의 여정이요, 천로역정인 것입니다. 본문 13절의 시작의 증언을 기억하십시오. "이 사람들(믿음의 선진들)은 다 믿음을 따라 죽었으며 약속을 받지 못하였으되(지금 당장 이 세상에서의 보상이라는 의미에서는) 그것들(약속하신 소망의 일들)을 멀리서 보고 환영하며 또 땅에서는 외국인과 나그네"로서 믿음으로 당당하게 살아간 것입니다. 끝까지 그들은 약속의 말씀의 내비게이션만을 붙잡고 살아갔습니다. 때로 인생의 길에서 견디기 어려운 시련과 고난이 있어도 이를 극복하고 승리할 수 있었던 이유, 그것은 그들이 순례자임을 잊지 않았기 때문입니다. 이제 제가 좋아하는 한 순례자의 이야기를 상기시켜 드림으로써 승리로운 순례의 길을 격려하고자 합니다.

헨리 C. 모리슨(Henry Morrison)이라는 아프리카 선교사가 있었습니다. 그는 금세기 초 아프리카에서 40년간 개척적 선교 사역을 하는 동안 가족을 잃고 건강도 잃은 늙은 선교사가 되어 고향인 미국으로 돌아오고 있었습니다. 그런데 그가 탄 배에는 아프리카에서 코끼리 사냥을 하고 돌아오는 데오도로 루스벨트(Theodore Roosevelt) 미국 대통령이 타고 있었습니다. 배가 뉴욕 항구로 입항하고 대통령이 내리자, 레드 카펫이 깔리고 군악대의 팡파르 소리가 대통령을 환영했습니다.

대통령 일행이 항구를 빠져 나간 후 모리슨 선교사가 항구의 출구로 나서자 레드 카펫도 없고 군악대의 팡파르 소리도 멎은 후였으며 그를 마중 나온 사람 역시 아무도 없었습니다. 선교사는 저녁노을 진 하늘을 향해 이렇게 소리치고 싶었답니다. "주님, 이것이 40년간 아프리카에서 저의 청춘을, 저의 건강을, 그리고 저의 일생을 바친 결과란 말입니까?" 그때 그는 저녁노을 사이로 말씀하시는 조용한 한 음성을 들었다고 합니다. "헨리야, 내 아들아, 너는 아직 고향에 오지 않았단다. 네가 고향에 돌아오는 날 레드 카펫이 아닌 황금의 길로 군악대가 아닌 천사들의 나팔소리와 함께 내가 너를 마중 나가마!" 그렇습니다. 우리는 아직 고향에 오지 않았습니다. 그래서 우리는 다시 약속의 내비게이션을 바라보며 믿음의 순례, 섬김의 순례, 그 영원한 사랑의 순례를 계속해야 합니다.

자, 그러면 이 책이 안내하는 내비게이션을 기도하며 따라 주시겠습니까?

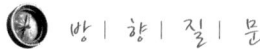

1. 당신에게는 지금 죽어도 천국에 갈 수 있다는 확신이 있습니까?
2. 당신 자신의 영혼의 순례를 위해 성경을 읽기로 결심하십시오.

"내가 너희에게 분부한 모든 것을 가르쳐 지키게 하라 볼지어다 내가 세상 끝날까지 너희와 항상 함께 있으리라 하시니라"(마 28:20).

"돈을 사랑하지 말고 있는 바를 족한 줄로 알라 그가 친히 말씀하시기를 내가 결코 너희를 버리지 아니하고 너희를 떠나지 아니하리라 하셨느니라 그러므로 우리가 담대히 말하되 주는 나를 돕는 이시니 내가 무서워하지 아니하겠노라 사람이 내게 어찌하리요 하노라"(히 13:5-6).

chapter 3

영원한 친구

고(故) 함석헌 선생이 남기신 글 가운데 '그 사람을 가졌는가'라는 명시가 있습니다.

만릿길 나서는 길
처자를 내맡기며
마음 놓고 갈 만한 사람
그 사람을 그대는 가졌는가.

온 세상 다 나를 버려

마음이 외로울 때에도

'저 맘이야' 하고 믿어지는

그 사람을 그대는 가졌는가.

탔던 배가 꺼지는 시간

구명대 서로 사양하며

"너만은 제발 살아다오" 할

그 사람을 그대는 가졌는가.

……

온 세상의 찬성보다도

"아니" 하고 가만히 머리 흔들 그 한 얼굴 생각에

알뜰한 유혹을 물리치게 되는

그 사람을 그대는 가졌는가.

　이런 사람을 무엇이라고 표현하면 좋겠습니까? 저는 한마디로 이런 사람을 바로 '진실한 친구'라고 부르고 싶습니다.
　저는 어려서부터 소심하고 소극적인 성격으로 인해 친구를 많이 사귀지 못했습니다. 그래서 늘 '가장 친한 친구가 누구냐?'는 물음 앞에 대답을 못하는 콤플렉스를 가진 채 청소년 시절을 보냈습니다. 그러던 제게 20대 초, 예수님을 믿고 성경을 읽기 시작하면서 제일 큰 충격으로 다가온 사실은 예수님께서 그를 따르는 자들을 친구라고 부르고 계시다는 사실이었습니다. 요한복음 15장 13-14절 말씀을 기억하십니까? "사람이 친구를 위하여 목숨을 버리면 이보다 더 큰 사랑이 없나니 너희는 내가 명하는 대로 행하면 곧 나의 친구라." 제가 처음 이 말씀을 대할 때 예수님이 내 친구가 되셨다는 사실이 얼마나 큰 감동으로 다가왔던지요. 오늘날 우리는 친구를 갖기 어렵고 친구조차 믿기 어려운 시대를 살아가고 있습니다. 그렇다면 이런 인생들에게 예수님은 과연 어떤 의미에서 우리의 친구가 되시는 분일까요?

그는 영원히 우리와 함께하심을 약속하셨다

마태복음의 마지막 부분의 말씀을 우리는 흔히 '지상 명령'이라고 부릅니다. 여기서 주께서는 지상 마지막 명령으로 제자들에게 모든 족속, 모든 민족에게로 나아가 복음을 전하라고 말씀하십니다. 당연히 제자들은 우리처럼 연약한 인간들이 그런 일을 어떻게 이룰 수 있느냐고 묻고 싶었을 것입니다. 그때 부활하신 주께서 주신 말씀이 마태복음 28장 20절입니다. "내가 너희에게 분부한 모든 것을 가르쳐 지키게 하라 볼지어다 내가 세상 끝날까지 너희와 항상 함께 있으리라 하시니라." 그러나 아직도 질문은 남습니다. 이미 죽음으로 세상을 떠나가신 주께서 구체적으로 이 세상에 남아 사는 우리와 어떻게 현실적으로 함께하실 수 있으시겠냐는 것입니다. 이에 대해 요한복음 14장

16-17절에 주님의 대답이 있습니다. "내가 아버지께 구하겠으니 그가 또 다른 보혜사를 너희에게 주사 영원토록 너희와 함께 있게 하리니 그는 진리의 영이라 세상은 능히 그를 받지 못하나니 이는 그를 보지도 못하고 알지도 못함이라 그러나 너희는 그를 아나니 그는 너희와 함께 거하심이요 또 너희 속에 계시겠음이라." 그렇습니다, 해답은 보혜사 성령이십니다. 보혜사라는 말의 원어는 'parakletos'(para/곁에 +kaleo/부르다)로 "곁에 부름을 받아 함께 계시는 분"이라는 뜻입니다. 성령으로 주께서는 지금도 변함없이 주의 제자들과 함께하십니다. 요한복음 14장 16절 말씀을 다시 상기해 보십시오. 그는 '영원토록' 우리와 함께하시겠다고 하셨습니다. 영원토록 말입니다. 그래서 그분은 우리의 영원한 친구이신 것입니다.

남가주 대학에서 사랑학을 가르치던 레오 버스카글리아(Leo Buscaglia) 교수의 책에 이런 이야기가 나옵니다. 어느 할아버지 한 분이 극심한 우울증에 시달리고 계셔서 주변 모든 사람들과의 만남 자체를 거부하고 계셨답니다. 상담자의 노력도 실효를 거두지 못했고 가족들의 노력도 별 진전을 이루지 못하고 있었습니다. 그런데 같은 아파트에 사는 어린 소년이 할아버지를 만나고 와서는 할아버지의 병세가 급격하게 호전되었습니다. 사람들이 어린 소년에게 물었다고 합니다. "얘야, 도대체 할아버지를 만나서 무슨 일을 했니?" 소년의 대답은 뜻밖에 "아무 일도 안 했어요. 그냥 할아버지를 붙들고 울었어요"라고 하더랍니다. 이웃들은 다시 물었습니다. "너, 어떻게 할아버지를 붙들고 울 생각을 했니?" 그러자 소년은 다시 이렇게 대답했다고 합니다. "할아버지와 저는 친구거든요." 보혜사 성령이 하시는 일이 바로 그런 일이라는 것을 아십니까? 보혜사이신 성령 곧 예수님의 영은 우리와 단순히 공간적으로만 '함께' 하시는 게 아니라 우리 '속에' 함께 거하실 것을 약속하십니다. 무슨 뜻입니까? 그는 우리의 속사람 안에 역동적으로 내주하시며 우리의 깊은 내면을 어루만지시면서 우리와 함께 하시는 것입니다. 그래서 그는 진실로 우리의 영원한 친구입니다.

그는 결코 우리를 버리지 않겠다고 약속하셨다

또 하나의 본문인 히브리서 13장은 주경학사들에 의하면 일반적으로 초대교회 그리스도인들이 박해 받는 상황에서 주어진 권면이라고 추정됩니다. 믿음 때문에 박해 받는 그리스도인들에게 가장 견디기 어려웠던 것은 아마도 박해 그 자체의 상황보다도, 주님이 당신을 위하여 고난을 감수하고 있는 자신들을 어떻게 그냥 버려 두실 수가 있느냐 하는 물음이었을 것입니다. 이런 상황에서 마침내 그들은 주님의 말씀을 받게 된 것입니다. 그것이 바로 히브리서 13장 5절 말씀입니다. "내가 결코 너희를 버리지 아니하고 너희를 떠나지 아니하리라." 우리는 이미 주께서 당신의 제자들과 친구로서 세상 끝까지 함께 하시리라는 약속을 확인했습니다. 그러나 당시의 제자들이 현실에서 경험하는 소위 세상 친구들의 실상은 믿음이 너무나 쉽게 배신되는 모습들이었던 것입니다. 그러나 주님은 히브리서의 약속을 통해서 그의 우정이 세상 친구들의 우정과 다름을 확인해 주실 필요가 있었던 것입니다. 히브리서 기자는 주께서 약속하신 우정의 차별성을 '결코'라는 단어로 확인해 주십니다. 옛날 개역 한글 번역에서는 이 대목을 '과연'이라는 단어로 표기하고 있습니다. "내가 과연 너희를 버리지 아니하고 과연 너희를 떠나지 아니하리라"고 말입니다. 영어로는 'never' 입니다.(NIV-Never will I leave you, never will I forsake you)

사실 세상의 우정도 의리 있는 우정이라면 그렇게 하는 것이 마땅한 일이 아니겠습니까? 세계 제1차 대전이 남긴 아름다운 우정의 이야기가 있습니다. 미국의 어떤 마을에서 두 친구가 같은 날에 징집되어 같은 전선에 배속되었다고 합니다. 그런데 하루는 수색 정찰을 나갔던 한 친구가 적진에서 고립되어 부상 당한 채 피를 흘리고 있었습니다. 이 광경을 지켜보던 또 다른 친구가 참호에서 빠져나와 달려가려 하자 분대장이 그를 가로막습니다. "가면 안 돼, 너까지 죽을 셈이야? 이미 늦었어." 그러나 잠시 후 그는 분대장이 한눈을 파는 사이 참호를 빠져나가 친구에게 달려가 그를 들쳐 업고 돌아왔습니다. 그러나 도착했을 때 이미 친구는 숨을 거둔 상태였다고 합니다. 분대장은 화를 내며 "그것 보라고. 내가 늦었다고 했잖아"라고 말했습니다. 그러자 그는 분대장을 향해 이렇게 대답했다고 합니다. "분대장님, 죄송합니다. 하지만 제가 친구 곁에 다가갔을 때는 아직 친구의 목숨이 붙어 있었습니다. 친구가 저에게 뭐라고 한 줄 아십니까?" "뭐라고 했나?" 이 질문에 병사는 이렇게 대답했다고 합니다. "예, 친구는 저에게, 친구야! 나는 네가 나한테 올 줄 알았어." 그것이 바로 친구입니다. 성경은 예수님이 바로 그런 친구라고 우리에게 말씀하십니다. 결코 우리를 버리지 않는 영원한 친구라고 말입니다.

그는 언제나 우리를 도우시겠다고 약속하셨다

본문 히브리서 13장 6절의 말씀을 읽겠습니다. "그러므로 우리가 담대히 말하되 주는 나를 돕는 이시니 내가 무서워하지 아니하겠노라 사람이 내게 어찌하리요." 본래 이 말씀은 시편 118편 6-8절에서 인용된 말씀이었습니다.

"여호와는 내 편이시라 내가 두려워하지 아니하리니 사람이 내게 어찌할까 여호와께서 내 편이 되사 나를 돕는 자들 중에 계시니 그러므로 나를 미워하는 자들에게 보응하시는 것을 내가 보리로다 여호와께 피하는 것이 사람을 신뢰하는 것보다 나으며."

시편 기자는 그의 인생의 밤, 아마도 배신과 핍박, 그리고 상실을 경험하며 하나님께 나아와 위로를 얻고 이 말씀을 고백했을 것입니다.

우리가 고난의 시간을 지나며 우리가 기대하는 도움이 당장에 임하지 않을 때 우리는 흔히 버림 받았다고 느낄지 모릅니다. 그러나 시편 기자는 마침내 도우시는 그분의 임재를 경험하면서 그분은 그때에도 내 편에 계셨다고 고백할 수 있었던 것입니다. 그러므로 우리가 반드시 기억해야 할 사실이 있습니다. 우리 주님은 우리가 도움을 기대하는 방식으로 언제나 우리를 도우시는 것은 아니라는 점 말입니다. 그러나 분명 우리가 기도하고 있다면 그분은 그분의 방식으로 언제나 우리를 도우십니다. 그러므로 히브리서 13장 8절의 고백은 이 모든 고난을 통과하는 동안 우리 신앙의 선배들이 교리로서가 아니라 경험적으로 토로하게 된 고백의 말씀이었습니다. "예수 그리스도는 어제나 오늘이나 영원토록 동일하시니라." 동일한 고백을 찬송으로 남긴 한 찬송가 작시자의 이야기를 들려 드리고 싶습니다.

1819년 아일랜드 더블린에서 태어나 명문 트리니티 대학을 졸업한 조셉 스크리븐(Joseph Scriven)이라는 남자가 있었습니다. 그는 아름답고 사랑스런 아일랜드 처녀와 약혼하고 행복한 앞날을 꿈꾸고 있었는데 1840년 결혼 전야에 신부가 익사하는 사고가 일어났습니다. 이어 1845년 그의 나이 25세에 과거를 잊고 새로운 삶을 찾아 캐나다로 떠납니다. 그는 예수님에 대한 믿음으로 상처를 씻고 새 삶에 적응해 갔지만 캐나다에서 만난 두 번째 약혼자가 다시 결혼을 앞두고 결핵으로 세상을 떠나는 비극을 경험해야 했습니다. 그러나 주님과의 깊은 사랑에 빠져 있던 그는 이 모든 슬픔을 주께 맡기고 기도하면서 자기 인생을 독신으로 살라는 주님의 뜻을 발견합니다. 그 후 그는 이웃 사랑과 이웃 섬김에 모든 것을 걸고 살아가게 되는데, 마침내 캐나다 온타리오 포트 호프(Port Hope)에서는 그를 산상수훈대로 사는 사람, 선한 사마리아인, 성자라는 별명으로 부르게 되었습니다. 1857년 아일랜드에 남겨 두고 온 어머니가 중병을 앓고 있다는 소식을 들은 그는 당시의 정황상 당장 달려갈 수도 없어 안타까운 마음으로 어머니를 위해 기도하며 시 한 편을 써내려 갑니다. 자신의 아픔 속에 다가와 그를 위로하시던 친구 예수님이 어머니의 친구가 되어 주시기를 바라는 마음으로 말입니다. 바로 이 시가 전 세계 그리스도인들의 사랑을 받은 찬송시가 되었습니다. 그가 세상을 떠났을 때 마을 사람들은 고속도로변에 그의 시비를 세워 그를 기념하고자 했습니다. 오늘도 우리는 온타리오 고속도로변의 그를 기념하는 시비에서 "위대한 박애주의자, 신실한 그리스도인, 1857년 포트 호프에서 쓴 위대한 시의 작시자 조셉 스크리븐 펭겔리, 여기에 잠들다"라는 소개와 함께 그가 쓴 아름다운 찬송시를 읽을 수 있습니다.

> 죄 짐 맡은 우리 구주 어찌 좋은 친군지
> 걱정 근심 무거운 짐 우리 주께 맡기세
> 주께 고함 없는 고로 복을 얻지 못하네
> 사람들이 어찌하여 아뢸 줄을 모를까

시험 걱정 모든 괴롬 없는 사람 누군가
부질없이 낙심 말고 기도드려 아뢰세
이런 진실하신 친구 찾아볼 수 있을까
우리 약함 아시오니 어찌 아니 아뢸까

당신에게 묻고 싶습니다. 당신도 이 스크리븐이 만난 진실하신 친구 예수님을 만나셨습니까? 아름답고 젊은 청년 스크리븐으로 하여금 사랑하는 여인을 두 번씩이나 잃은 슬픔을 떨치고 일어나 포트 호프의 성자가 되게 한 그 예수님, 인생의 비극 속에 가장 아름다운 찬송시의 작사가가 되게 한 그 예수님을 말입니다. 예수님을 믿는 것으로 인생의 모든 고통을 설명하지 못할 수도 있습니다. 그러나 기도하는 모든 사람 곁에 반드시 다가와 만나 주시는 그분의 또 다른 이름은 바로 친구이신 예수 그리스도이십니다. 이분이 바로 우리 인생 여정의 완벽한 내비게이토이십니다. 이분을 친구로 삼아 이분의 내비게이션을 따라가 보지 않겠습니까?

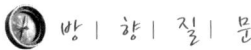 방 | 향 | 질 | 문

1. 예수님을 당신의 영원한 친구로 만나셨습니까?
2. 그분과 친구가 되기 위해서 당신이 내려야 할 결정은 무엇일까요?

"죄의 삯은 사망이요
하나님의 은사는 그리스도 예수 우리 주 안에 있는 영생이니라" (롬 6:23).

chapter 4

영원한 생명

사람은 이 세상에 태어날 때 두 주먹을 불끈 쥐고 태어납니다. 무엇인가를 붙잡아 보려는 욕망의 출발입니다. 그러나 우리는 모두 이 세상을 떠나갈 때 두 주먹을 쫙 펴고 빈손으로 떠나갑니다. 알렉산더 대제(Alexandros the Great)는 '더 이상 이 세상에는 정복할 땅이 없었다'는 말로 유명한데, 그는 세상을 떠나가기 전 유명한 유언을 남겼습니다. "내가 들어갈 관에는 양쪽에 구멍을 파서 내 두 팔, 두 손이 관 밖으로 나오게 하라." 무슨 뜻입니까? 아무것도 가지지 못하고 간다는 사실을 표현한 것입니다. 그럼에도 불구하고 우리는 한평생을 살아가며 끊임없이 무엇인가를 움켜쥐고, 무엇인가를 이 땅에 남기기 위해 몸부림을 칩니다. 고상하게 말하면 유한한 인생이 무한한 영원을 붙잡아 보려는 헛되고 헛된 몸부림이고, 성경적으로 표현하면 영원을 사모하는 몸짓이라고 할 것입니다. 그래서 전도서 3장 11절은 "하나님이 모든 것을 지으시되 때를 따라 아름답게 하셨고 또 사람들에게는 영원을 사모하는 마음을 주셨느니라"고 말합니다.

레오나르도 다 빈치(Leonardo da Vinci)의 작품, '모나리자'에서 가장 유명한 것은 그녀의 신비한 미소입니다. 모나리자를 해석하는 사람들 사이에는 이 여인에 대한 여러 가지 학설이 존재하고 있습니다. 그중 가장 정통적인 것은 그녀의 남편이 당대의 가장 유명한 화가 레오나르도 다 빈치에게 초상화를 의뢰한 것에 기쁨을 표현한 미소라는 것과 가문의 대를 이을 잘생긴 둘째 아들의 출산을 기대하는 남편의 사랑을 확인한 행복한 여인의 미소라는 설입니다. 그런데 프랑스의 미술 사학자요 미술 평론가인 다니엘 아라스(Daniel Arasse)는 다른 해석을 내놓고 있습니다. 그녀의 얼굴에 짧게 스치는 미소야말로 인생의 덧없음을 대표하는 것이라고 본 것입니다. 레오나르도 다 빈치는 이 여인의 왼쪽 어깨 너머에 작은 '다리'(bridge) 하나를 그려 넣는데, 다리가 있다는 말은 강물이 흐른다는 말이고 그것은 덧없는 시간을 표현한다는 것입니다. 그런데 자세히 보면 그 뒤의 풍경은 평범한 마을 풍경이지만 사람들이 하나도 살지 않는 태고의 괴기한 원시적 풍경입니다. 그러므로 모나리자의 미소는 태고부터 흘러오는 그 영원한 시간 속에서의 덧없는 한 찰나의 미소로서 모나리자 그림의 본질은 '시간에 대한 명상'이라는 해석입니다. 즉 아무것도 영원한 것은 없다는 말입니다. 우리가 사모하는 건강도 부도 인기도 행복도 그리고 행복한 미소조차도 말입니다.

그런데 문제는 왜 우리는 그런 덧없는 인생을 살게 되었는가 하는 점입니다. 그리고 과연 이 덧없는 인생이 인생의 전부인가라는 질문이 생겨납니다. 오늘 우리가 함께 읽은 성경 말씀에서 바울 사도는 두 가지 인생의 대조적인 실존을 소개합니다. 하나의 인생이 허무의 실존이라면, 또 하나의 인생은 영원한 실존입니다. 우리 인생은 결국 이 두 가지 중 하나의 인생을 살게 됩니다.

허무의 실존

그러면 먼저 허무의 실존으로서의 인생을 생각해 보고자 합니다. 예수님의 제자 사도 바울은 이 허무의 실존을 이렇게 진술합니다. "죄의 삯은 사망이라." 인간 모두는 결국 죽어야 하는데 그것은 인생의 죄 때문이라는 것입니다. 왜 우리 모두는 죽어야 합니까? 성경의 설명은 단순하고 직설적입니다. 그것은 우리 모두가 죄를 범했기 때문입니다.

과거 트라피스트 수도회의 수사들은 서로가 만나 인사를 주고받을 때의 유일한 인사로 라틴어인 메멘토 모리(Memento mori) – "죽음을 기억하시오"라는 인사를 했다고 합니다. 이를 좋게 여긴 로마의 한 황제도 신하들이 자신을 알현할 때마다 "죽음을 기억하시오"(메멘토 모리)라고 인사를 하게 함으로써 죽음의 실존인 자기 인생을 상기했다고 합니다.

그렇습니다. 우리는 모두 죽습니다. 미국의 코미디언 자니 칼슨(Johnny Carlson)은 "이 세상에서 확실한 것은 두 가지밖에 없다. 하나는 세금을 내야 한다는 것이고, 또 하나는 우리 모두 죽어야 한다는 것이다"라는 유명한 말을 남겼습니다. 그는 또한 "죽음의 확률은 100%"라는 말을 남기기도 했습니다. 부자도 가난한 자도 죽습니다. 높은 사람도 낮은 사람도 죽습니다. 배운 사람도 배우지 못한 사람도 죽습니다. 유명한 사람도 무명한 사람도 모두 죽습니다.

그럼 죽음은 무엇입니까? 성경에서의 죽음은 존재의 중단이나 소멸을 뜻하지 않습니다. 성경 창세기에 보면 하나님은 첫 사람 아담에게 "죄를 범하면 정녕 죽으리라"고 하셨습니다. 그러나 성경에 보면 아담이 죄를 범하고 바로 죽지는 않았습니다. 그러면 하나님이 말씀하신 이 죽음의 의미가 무엇이었을까요? 성경에서 죽음이란 단어는 일관성 있게 '관계의 단절'을 의미합니다. 아담이 죄를 범하는 순간 그는 하나님과의 관계의 단절을 경험하게 된 것입니다. 더 이상 하나님의 임재를 느끼지도 못하고 하나님의 기쁨을 경험하지도 못하고 하나님의 능력도 하나님의 생명도 떠나간 인생을 살게 된 것입니다. 그것은 존재의 소멸보다 훨씬 더 비참한 것입니다. 그는 살아도 죽은 것입니다. 삶의 의미도 삶의 보람도 삶의 영광도 없는 인생인 것입니다. 왜 그렇게 되었습니까? 바로 죄를 범했기 때문입니다. 로마서 3장 23절에서 성경은 이렇게 증거합니다. "모든 사람이 죄를 범하였으매 하나님의 영광에 이르지 못하더니."

문제는 이런 결과를 알고서도, 이런 경고를 받고서도 인생들은 계속 죄를 범한다는 것입니다. 그 이유가 무엇입니까? 그것은 죄가 가져다 주는 쾌락 때문입니다. 이것이 바로 악마의 미끼인 셈입니다. 그래서 성경은 이런 쾌락의 정체를 "잠시(for a short time, for a season) 죄악의 낙"(히 11:25)이라고 말합니다. 그런데 그 잠시의 쾌락, 그 찰나의 쾌락은 얼마 지나지 않아 우리에게 죄의 대가를 요구합니다. 그것이 바로 죽음인데, 죄의 삯은 사망인 것입니다. 다시 말해 영적인 죽음인 창조주 하나님과의 단절이요, 더 나아가 육체적 죽음까지 몰고 옵니다. 그러나 이 사망조차 마지막 우리의 실존은 아닙니다. 성경은 죄로 말미암아 죽음에 이르게 된 인생의 결국을 히브리서 9장 27절에서 이렇게 말합니다. "한 번 죽는 것은 사람에게(죄인에게) 정해진 것이요 그 후에는 심판이 있으리니." 이 심판의 결과는 영원한 죽음 곧 하나님과의 관계의 회복이 없는 영원한 단절을 가지고 옵니다. 이것이 바로 죄인의 실존 혹은 하나님을 떠난 허무의 실존인 것입니다.

성경은 이런 실존의 비극성을 하나님이 기억 못하시는 인생이라고 묘사합니다. "내가 너를 도무지 알지 못하노라." 이렇게 허무하게 끝날 인생—행여나 이것이 오늘 우리의 실존, 그 허무한 실존의 모습이 아닌가요? 그러면 이제 다음으로 그와 대조적인 영원한 실존에 대하여 생각해 보고자 합니다.

영원한 실존

본문인 로마서 6장 23절 후반절 말씀을 다시 살펴보겠습니다. "하나님의 은사는 그리스도 예수 우리 주 안에 있는 영생이니라." 이 표현을 빌리면 하나님의 선물은 영생을 받아 누리는 인생입니다. 그런데 이 성경 구절에는 3개의 대조적인 표현이 등장합니다.

- 죄 / 하나님
- 삯 / 선물
- 사망 / 영생

죄의 삯으로 사망을 피할 수 없었던 인생들에게 하나님은 찾아오셔서 영생이라는 선물을 주셨습니다. 이것이 바로 하나님의 사랑입니다. 성경에서는 다른 표현으로 "은혜"(grace)라는 단어를 사용하기도 하는데, "은혜"란 '받을 자격이 없는 사람에게 베풀어지는 사랑' 이란 의미를 가지고 있습니다. 그렇다면 왜 하나님이 우리를 사랑하실까요? 그것은 사랑이 그분의 본질이시기 때문입니다. "하나님은 사랑이십니다"(요일 4:8). 이어지는 요한일서 4장 10절 말씀을 같이 보시겠습니다. "사랑은 여기 있으니 우리가 하나님을 사랑한 것이 아니요 하나님이 우리를 사랑하사 우리 죄를 속하기 위하여 화목 제물로 그 아들을 보내셨음이라." 그렇습니다. 하나님의 아들이신 예수 그리스도께서 화목 제물로 생명을 십자가에서 드리심으로 우리는 죄 사함을 받았습니다. 또한 사망을 피할 수 없었던 우리가 이제는 하나님의 영원한 생명 곧 영생을 선물로 받게 된 것입니다.

영생은 단순히 영원히 존재만 한다는 의미가 아닙니다. 영생의 본질은 하나님의 생명입니다. 하나님의 생명을 받으면 하나님의 기쁨, 하나님의 능력, 하나님의 사랑, 하나님의 임재를 경험하는 새로운 인생을 살게 됩니다. 그래서 사도 요한은 이렇게 증거합니다. "영생은 곧 유일하신 참 하나님과 그가 보내신 자 예수 그리스도를 아는 것이니이다"(요 17:3). 성경에서 '안다'는 것은 깊은 관계를 체험한다는 뜻을 내포하고 있습니다. 보통 성경에서 남자를 알았다, 알지 못했다는 말은 관계적 체험을 뜻하는 것인데 이런 뜻으로 다시 요한복음 17장 3절을 읽어 보면 "영생은 유일하신 참 하나님과 그가 보내신 자 예수 그리스도를 깊이 체험하고 사는 삶인 것입니다." 예수님을 믿고 영생의 선물을 받는 순간 우리는 하나님과 그의 아들 예수 그리스도의 임재 곧 그분의 사랑, 그분의 기쁨, 그분의 평화, 그분의 인내, 그분의 자비, 그분의 온유, 그분의 능력을 체험하며 살기 시작하는 것입니다. 이런 영원한 생명의 실존을 갈망하지 않으십니까?

수년전 미국에서 라이언 화이트(Ryan White)라는 AIDS에 걸린 소년이 화제가 된 일이 있었습니다. 그는 13세 되던 해 병원에 입원했다가 수혈 중 잘못되어 이 병에 걸렸습니다. 그러나 이 소년이 워낙 밝고 명랑하고 주변에 감동을 주어 그는 병을 앓으면서도 이 병을 퇴치하는 홍보대사가 되었습니다. 그는 많은 사람들의 방문을 받았습니다. 당시 레이건 대통령을 위시해서, 마이클 잭슨, 부자 도날드 트럼프 등 수많은 유명 인사들의 방문을 받고 선물을 전달 받았습니다. 투병 5년여 만인 만 18세가 되던 해, 병세가 악화되어 세상을 떠나기 전 그의 아버지가 그에게 이렇게 말했다고 합니다. "라이언, 이제 우리는 부모로서 너에게 더 이상 아무 선물을 줄 수 없음을 용서해 다오. 오직 너를 위해 기도할 따름이다." 이때 이 소년은 그의 아버지에게 다음과 같은 말을 남겼습니다. "아버지, 잊으셨나요? 아버지와 어머니는 제가 어렸을 때부터 저를 교회로 인도해 주셨구요. 예수 그리스도를 저의 구주와 주님으로 믿고 영생의 선물을 받도록 해 주셨잖아요. 다시 한 번 부모님께 감사를 드립니다. 제가 예수님을 믿고 영생의 선물을 받고 천국의 소망을 갖게 해 주신 것을!" 그러고 보면 이 소년의 그동안의 당당함은 바로 이 영생을 소유하고 누리는 자의 특권이었던 것입니다. 이것이 바로 그리스도 안에 사는 영원한 실존의 특권입니다.

처음 이야기를 시작하면서 나는 레오나르도 다 빈치와 모나리자의 미소에 관해 말했습니다. 레오나르도가 어떻게 임종을 맞이했는지에 대해서는 몇 가지의 엇갈린 이야기가 있습니다만, 조르조 바사리(Giorgio Vasari)의 전기에 의하면 그는 마지막 병상에서 그의 예술을 이해하고 존경하고 후원했던 프랑수아 1세의 방문을 받고 이제는 여한이 없다고 하면서 사제를 불러 달라고 말했다고 합니다. 왜 그러느냐는 질문에 그는 이제 세례를 받고 싶다고, 그동안 숱한 성화를 그려왔지만 자신의 신중한 결벽증으로 미루어 두었던 세례를 받고 싶다고 말했습니다. 그가 마지막 병상 세례를 받은 후 그의 제자요 상속자인 프란체스코 멜지(Francesco Melzi)는 스승 레오나르도의 얼굴에 떠오르는 행복한 미소를 결코 잊을 수 없었다고 합니다. 그 미소는 모나리자도 가질 수 없었던 영생을 선물로 받은 자의 영원한 미소였던 것입니다. 그는 이 영원한 미소와 함께 영원한 나라로 떠나갔습니다. 오늘 당신에게도 이 영원한 미소, 영원한 행복, 영원한 생명이 필요하지 않으십니까? 영원한 하나님의 책 성경은 말합니다. "죄의 삯은 사망이요 하나님의 은사는 그리스도 예수 우리 주 안에 있는 영생이니라."

지금 이 영원한 생명을 주시는 예수 그리스도를 인격적으로 우리의 마음 안에 초청함으로써 우리는 하나님의 영원한 자녀가 될 수 있습니다.

이렇게 영접 기도를 해 보십시오

주 예수님, 십자가에서 나의 죄를 담당하여 돌아가심에 감사합니다. 다시 살아나시어 나의 주인이 되고자 하시는 당신을 나의 주인, 나의 구주로 믿습니다. 제 인생 속에 오셔서 저의 인도자가 되어 주십시오. 당신의 선물인 영생을 받아들이고 당신의 자녀로 평생을 살겠습니다. 아멘.

 방 | 향 | 질 | 문

1. 예수님을 모셔 들이는 '영접 기도'를 하셨습니까?
2. 진실하게 영접 기도를 하셨다면 영생을 선물로 받은 것에 감사하십시오.

"너희는 마음에 근심하지 말라 하나님을 믿으니 또 나를 믿으라 내 아버지 집에 거할 곳이 많도다 그렇지 않으면 너희에게 일렀으리라 내가 너희를 위하여 거처를 예비하러 가노니 가서 너희를 위하여 거처를 예비하면 내가 다시 와서 너희를 내게로 영접하여 나 있는 곳에 너희도 있게 하리라 내가 어디로 가는지 그 길을 너희가 아느니라 도마가 이르되 주여 주께서 어디로 가시는지 우리가 알지 못하거늘 그 길을 어찌 알겠사옵나이까 예수께서 이르시되 내가 곧 길이요 진리요 생명이니 나로 말미암지 않고는 아버지께로 올 자가 없느니라"(요 14:1-6).

chapter 5

영원한 거처

우리 모두는 어린 시절 동네 어느 구석진 마당이나 아니면 동네 학교 마당에 한 구획을 정하고 방과 후 친구들과 어울려 해가 저물 때까지 공놀이, 자치기, 줄넘기, 땅 뺏기, 숨바꼭질 등을 하고 놀던 추억을 가지고 있습니다. 이런 우리의 놀이는 보통 우리 친구들 중 한 부모님의 출현으로 그 막을 내리는 일이 일상이었습니다. "해가 졌다. 그만들 놀고 집으로 가거라." 저는 지금도 이런 일이 벌어지면 "에이 씨"

하고 놀이의 중단을 항의하며 늘 못마땅하게 생각하던 한 친구의 모습이 추억의 영상에 떠오릅니다. 나중에 알고 보니까 그 친구는 사회복지시설(고아원)이 집이었던 친구였습니다. 지금 생각하면 자기를 따뜻하게 마중할 아빠나 엄마가 없는 그 친구의 귀가는 별로 신바람 나는 일이 아니었을 것입니다. 그런데 제가 예수님 믿고 성경을 읽기 시작한 어느 날부터 저에게는 또 하나의 상상의 영상이 새겨지기 시작했습니다.

어느 날 인생의 놀이터에서 해 저무는 줄 모르고 놀이에 분주한 우리에게 저 하늘에 계신 분이 "그만 놀고 집으로 오너라"고 부르실 순간이 온다는 자각이었습니다. 그때 가장 중요한 질문은 우리에게 돌아갈 영원한 집이 준비되어 있느냐는 것입니다.

우리 모두는 지금도 분주하게 세상살이를 하고 있습니다. 그런데 가끔은 그 분주한 발걸음을 잠시 멈추고 '나는 도대체 어디로 가고 있는가?' 란 질문을 해 보신 일이 있는지가 참으로 궁금합니다. 잘 아시다시피 오늘 우리가 살고 있는 세상은 속도를 강조하는 시대입니다. 더 빨리 더 신속하게 일을 처리하려는 경쟁이 한창인 때입니다. 그러나 우리 시대의 가장 큰 문제가 속도가 아니라 방향의 문제라는 것을 아십니까? 만약 우리가 어디로 가고 있는지 모른다면 아무리 빠른 속도로 가더라도 문제가 발생하기 때문입니다.

예수님께서 이 세상에 계실 때 하루는 그가 제자들을 떠나 어디론가

가셔야 한다고 말하며 자신의 죽음을 암시하셨습니다. 이때 예수님의 수제자인 베드로가 예수님께 물은 유명한 질문이 요한복음 13장 36절에 기록되어 있습니다. "주여 어디로 가시나이까?" 이 말에 예수님께서 제자들에게 주신 대답이 바로 본문입니다. 한마디로 예수님은 제자들에게 그의 제자들이 이 세상을 떠나 거하게 될 영원한 거처 곧 영원한 천국을 준비하고자 가신다고 말씀하십니다. 그렇다면 우리 인생이 마침내 도착할 영원한 거처(집, 처소)에 대해 성경은 무엇을 교훈하고 있을까요?

이 영원한 거처는 예수님이 친히 준비하시는 장소다

성경에서 가르치는 천국의 교훈을 살펴보면, 천국은 하나의 상태이면서 동시에 하나의 장소입니다. 천국의 본질은 하나님의 통치에 있습니다. 천국은 의의 나라요 화평의 나라요 기쁨의 나라라고 성경은 가르칩니다. 왜냐하면 천국의 통치자이신 하나님이 의롭고 평화로운 기쁨의 주님이시기 때문입니다. 우리가 이 세상을 살면서 하나님을 삶의 주인으로 영접하면 우리 인생에는 지금까지 한 번도 경험해 보지 못한 의로움과 화평과 기쁨의 삶이 시작됩니다. 그것이 바로 이 세상에서 맛보는 천국 경험인 것입니다. 그러나 성경은 동시에 천국이 하나의 완벽한 장소로서 하나님의 백성들을 위하여 예비되어 있다고 가르칩니다. 본문 2절을 다시 한 번 보겠습니다.

"내 아버지 집에 거할 곳이 많도다 그렇지 않으면 너희에게 일렀으리라 내가 너희를 위하여 거처를 예비하러 가노니."

오늘날 우리는 발달된 현대 과학의 눈부신 진보를 목격하고 있지만 그럼에도 불구하고 현대 과학은 창조주가 엿새 동안 창조한 만물의 신비한 경이로움의 지극히 적은 한 부분을 발견한 것에 불과합니다. 오늘의 말씀은 요한복음서의 본문인데 요한복음의 서문인 1장 3절에 보면 "만물이 그(말씀이신 예수 그리스도)로 말미암아 지은 바 되었으니 지은 것이 하나도 그가 없이는 된 것이 없느니라"고 말씀합니다. 즉 성경은 예수 그리스도가 곧 창조주라고 선포하고 있는 것입니다. 그런데 그 창조자이신 예수님이 그의 제자들을 위하여 영원한 거처를 준비하러 간다라고 지금 말씀하시는 것입니다. 그러면 그가 이 세상을 떠나가신 이후 지금까지 준비하시는 천국은 얼마나 경이로운 장소이겠습니까? 유명한 설교가 스펄전 목사는 성경에 생각보다 천국에 대한 설명이 많지 않은 이유에 대해 천국은 'surprise kingdom'(서프라이즈 킹덤)이라는 말을 했습니다. 서양에서 살다 보면 소위 'surprise party'(서프라이즈 파티)라는 것이 있는 것을 경험합니다. 이 파티의 특성은 파티의 주인공들에게 알리지 않는 것이 성공의 열쇠입니다. 그들이 이 파티를 놀라움으로 경험하도록 하기 위한 것이지요. 그렇습니다. 천국은 예수님이 친히 준비하신 '서프라이스 파티'인 것입니다. 이런 경이의 나라, 영원한 거처를 예수님은 그를 따르는 자들을 위한 선물로 준비하고 계십니다. 오늘 여러분이 예수님을 믿고 따르기로 결심한다면 여러분은 바로 이 영원한 거처의 주인공이 될 수 있습니다.

이 영원한 거처는 예수님과 제자들의 만남의 장소다

본문 3절을 함께 보겠습니다. "가서 너희를 위하여 거처를 예비하면 내가 다시 와서 너희를 내게로 영접하여 나 있는 곳에 너희도 있게 하리라." 무슨 말입니까? 쉽게 말하면 천국에서 일어날 가장 중요한 사건은 우리가 예수님과 다시 만난다는 것이고 예수님이 거기서 그 영원한 거처를 준비하고 우리를 기다리신다는 것입니다. 사실 우리가 누군가를 위하여 파티를 준비하면 파티의 주인공보다도 파티를 준비한 이들이 더 흥분하며 그 순간을 기다리시 않습니까? 성경은 계속적으로 인생이 하나님을 만나기를 원함보다 하나님이 인생을 만나기를 더 소원하신다고 가르칩니다. 그러므로 결국 우리 인생들의 하나님과의 만남은 하나님의 원하심의 결과라고 할 수 있는 것입니다.

작년 한국의 대표적 지성이요 문화부 장관을 지내신 이어령 선생이 세례를 받고 기독교인이 된 것이 세간의 화제가 되었던 일이 있었습니다. 청년 시절부터 그의 인문학적 지성으로 때로는 반기독교적 언어를 주저치 않고 토로하며 종교를 하나의 문화 현상쯤으로 해석하던 분의 회심이어서 그의 세례는 사건일 수밖에 없었습니다. 물론 그 분의 딸의 투병 과정에서 목격한 기적이 하나의 계기가 된 것도 사실이지만, 그 자신은 인생의 성숙기에 들어서면서 경험한 지성의 한계가 더 중요한 요인이었다고 스스로 고백하고 있습니다. 이어령 선생이 세례를 받기 전, 그러니까 그가 그리스도인이 되기 전에 발표한 '어느 무신론자의 기도 1' 이라는 시가 있습니다. 이 시를 읽어 보면 그의 마음속에 어떤 변화가 일어나고 있었는가를 헤아려 볼 수 있습니다.

어느 무신론자의 기도 1

하나님
당신의 제단에 꽃 한 송이 바친 적이 없으니
절 기억하지 못하실 겁니다

그러나 하나님
모든 사람이 잠든 깊은 밤에는
당신의 낮은 숨소리를 듣습니다
그리고 너무 적적할 때 아주 가끔
당신 앞에 무릎을 꿇고 기도를 드립니다

하나님
어떻게 저 많은 별들을 만드셨습니까.
그리고 처음 바다에 물고기들을 놓아
헤엄치게 하셨을 때

저 은빛 날개를 만들어
새들이 일제히 날아오를 때
하나님도 손뼉을 치셨습니까.

아! 정말로 하나님
빛이 있어라 하시니 거기 빛이 있더이까

사람들은 지금 시를 쓰기 위해서
발톱처럼 무딘 가슴을 찢고
코피처럼 진한 눈물을 흘리고 있나이다

모래알만 한 별이라도 좋으니
제 손으로 만들 수 있는 힘을 주소서.
아닙니다 하늘의 별이 아니라
깜깜한 가슴속 밤하늘에 떠다닐
반딧불만 한 빛 한 점이면 족합니다

좀더 가까이 가도 되겠습니까?
당신의 발끝을 가린 성스러운 옷자락을
때묻은 손으로 조금 만져 봐도 되겠습니까.

아 그리고 그것으로 저 무지한 사람들의

가슴속을 풍금처럼 울리게 하는

아름다운 시 한 줄을 쓸 수 있도록

허락해 주시겠습니까

하나님

여러분, 이것이 어떻게 무신론자의 시요 무신론자의 기도란 말입니까? 정확하게 말하면 구도자의 기도요, 구도자의 시가 아니겠습니까? 이것은 이어령 선생을 만나러 오신 하나님이 그의 마음속에 새겨 주신 시였던 것입니다. 그런데 여러분, 동일한 하나님이 그리고 하나님의 아들이신 예수님이 오늘 여러분과의 만남을 준비하고 계시는 것을 아십니까? 왜냐구요? 그가 준비하신 저 영원한 거처에서 당신과 함께 영원을 보내고 싶어서입니다.

이 영원한 거처는 예수님을 통해서만 갈 수 있는 장소다

문제는 예수님께서 그런 영원한 거처를 예비하셨다면 우리가 어떻게 그곳으로 갈 수가 있느냐 입니다. 그런데 예수님께서는 걱정하지 말라고 하십니다. 그러나 의심 많은 제자 도마는 그곳으로 가는 길을 우리가 어떻게 알 수 있느냐고 묻고 있습니다. 본문 5절입니다. "도마가 이르되 주여 주께서 어디로 가시는지 우리가 알지 못하거늘 그 길을 어찌 알겠사옵나이까." 이에 대한 예수님의 대답이 무엇이었습니까? 그것이 바로 유명한 본문 6절의 말씀이십니다. "예수님께서 이르시되 내가 곧 길이요 진리요 생명이니 나로 말미암지 않고는 아버지께로 올 자가 없느니라." 무슨 말입니까? 걱정하지 말고 나를 믿고 따르라는 것입니다. 내가 바로 아버지 하나님에게로, 그리고 그의 나라인 영원한 거처로 인도하는 길이 되어 주시겠다는 것입니다. 그래서 본문의 시작 1절에서 예수님은 이미 "너희는 마음에 근심하지 말라 하나님을 믿으니 또 나를 믿으라"고 말씀하신 것이 아니겠습니까?

이런 이야기가 있습니다. 아프리카에서 선교하시던 한 선교사님이 정글 속 오지 마을로 가기 위해 그곳 지리에 익숙한 한 원주민 그리스도인 청년을 길 인도자로 고용했다고 합니다. 그런데 가도 가도 마을은 보이지 않고 청년은 계속 정글 속 길 같지 않은 곳을 헤쳐 나가고 있었습니다. 그래서 선교사님은 정색을 하며 청년에게 물었습니다. "나의 형제여, 형제는 확실히 길을 아시나요?" 이때 청년은 이런 의미심장한 대답을 했다고 합니다. "선교사님, 여기서는 제가 곧 길입니다." 오늘도 예수님은 모든 믿음의 구도자들, 길을 찾고 진리를 찾고 생명을 찾고 있는 이들에게 이렇게 말씀하십니다. "내가 곧 길이요 진리요 생명이다." 우리가 그분의 안내를 받아들이기로 결심만 한다면 우리는 우리의 미래를 두려워할 필요가 없습니다. 그분이 먼저 우리보다 길을 앞서 가며 인도하시기 때문입니다. 그리고 그는 영원한 거처의 입구에서 또한 먼저 기다리시다가 우리를 손짓하고 우리의 손을 잡아 저 영원한 거처로 인도해 들이실 것입니다.

이어령 씨는 '어느 무신론자의 기도 2' 편을 다시 썼습니다. 이 시에서 우리는 하나님의 아들이신 예수님이 이미 그의 손을 잡고 계신 것을 느낄 수가 있습니다.

어느 무신론자의 기도 2

당신을 부르기 전에는
아무 소리도 들리지 않았습니다.
당신을 부르기 전에는
아무 모습도 보이지 않았습니다.
하지만 이제 아닙니다.
어렴풋이 보이고 멀리에서 들려옵니다.

어둠의 벼랑 앞에서
내 당신을 부르면
기척도 없이 다가서시며
"네가 거기 있었느냐"
"네가 그동안 거기 있었느냐" 고
물으시는 목소리가 들립니다.

달빛처럼 내민 당신의 손은
왜 그렇게도 야위셨습니까
못자국의 아픔이 아직도 남으셨나이까.
도마에게 그렇게 하셨던 것처럼 나도
그 상처를 조금 만져볼 수 있게 하소서.
그리고 혹시 내 눈물방울이 그 위에 떨어질지라도
용서하소서

아무 말씀도 하지 마옵소서.
여태까지 무엇을 하다 너 혼자 거기에 있느냐고
더는 걱정하지 마옵소서.
그냥 당신의 야윈 손을 잡고
내 몇 방울의 차가운 눈물을 뿌리게 하소서.

그렇습니다. 하나님의 아들이신 예수님이 "내가 길이요"라고 선언하시기 위해서 이미 하나님께 나아오기 부족하고 더럽혀진 우리의 죄를 십자가에서 대신 짊어지고 우리 대신 거룩한 피를 흘릴 각오를 하시고 이 말씀을 하셨습니다. 이제 우리가 할 일은 그분을 우리 인생길의 유일한 안내자, 완벽한 안내자, 우리 인생의 구주와 주님으로 의탁하고 믿는 것입니다.

미국에 조니라는 소년이 있었습니다. 어느 날 선생님의 전도로 예수님을 구주로 영접하고 믿음을 갖게 된 그는 주일은 물론이고 학교를 오가는 길에 늘 교회를 들르는 습관을 갖게 되었습니다. 그런데 그가 교회에 머무는 시간은 아주 짧은 순간이었습니다. 그는 그냥 교회 제일 뒷좌석에 앉아 "하나님, 저에요 조니", 이 한마디만 하고 예배당을 나오곤 했습니다. 그는 힘든 일이 생기거나 아플 때도 역시 교회에 잠시 들려 이 짧은 인사말만 하고 나오곤 했다고 합니다. 조니는 고등학교 3학년 때 교통사고로 사망하게 되었는데, 그가 병원에 입원하여 생사를 헤맬 때 갑자기 그가 미소를 지어서 부모가 물었다고 합니다. "조니야, 무슨 일이 있니?" 그러자 조니는 씩 웃으며 "하나님이 나타나셔서 말씀하셨어요"라고 말했습니다. 부모님이 하나님이 오셔서 뭐라고 말씀하셨는지를 묻자, "조니, 나야 네 하나님"이라고 말했다고 전했습니다. 그리고 잠시 후 행복한 미소를 지으며 눈을 감았다고 합니다. 이 하나님을 만나시기를 바랍니다. 그리고 그분이 예비한 그 영원한 거처의 주인이 되시기를 바랍니다.

 방 | 향 | 질 | 문

1. 예수님을 영접한 사람은 천국이 자신의 본향이 되었다고 성경은 말하고 있습니다. 소감이 어떠신지요?
2. 천국의 백성이 된 것에 대해 감사하는 기도를 드리십시오.

PART 2

Growth
영원을 향한 성숙

영원한 확신 | 영원한 행복 | 영원한 말씀 | 영원한 갈망 | 영원한 소통 | 영원한 공동체

"또 증거는 이것이니 하나님이 우리에게 영생을 주신 것과 이 생명이 그의 아들 안에 있는 그것이니라 아들이 있는 자에게는 생명이 있고 하나님의 아들이 없는 자에게는 생명이 없느니라 내가 하나님의 아들의 이름을 믿는 너희에게 이것을 쓰는 것은 너희로 하여금 너희에게 영생이 있음을 알게 하려 함이라 그를 향하여 우리가 가진 바 담대함이 이것이니 그의 뜻대로 무엇을 구하면 들으심이라 우리가 무엇이든지 구하는 바를 들으시는 줄을 안즉 우리가 그에게 구한 그것을 얻은 줄을 또한 아느니라"(요일 5:11-15).

chapter 6

영원한 확신

가끔씩 만원 비행기를 타다 보면 탑승 끝 무렵에 탑승구에서 세 종류의 사람들이 서성거리는 모습을 보게 됩니다. 한 종류는 확인 받은 비행기 표를 들고 차를 마시면서 대화하다가 맨 끝자락 시간이라도 여유 있는 표정으로 타는 사람들, 또 한 종류는 비행기 표는 가지고 있는데 좌석 배정을 못 받고 (확인 받지 못한) 스탠바이(stand-by)하면서 불안하게 기다리는 사람들, 또 한 종류는 비행기 표도 없이 혹시나 좌석이 있을까 하여 요행을 바라며 안절부절 못하고 서성거리는 사람들입니다. 이때 저는 교회 내에도 천국을 기다리는 사람들 중에서 세 가지 종류가 있다는 사실을 생각하게 되었습니다.

첫째는 구원 받고 구원을 확인한 확신 있는 사람들, 둘째는 구원은 받았는데 확신이 없는 사람들, 셋째는 구원도 못 받았고 확신도 없이 구원을 막연히 희망하는 사람들입니다. 당신은 어디에 속하십니까? 우리가 일생을 정리하면서 이보다 더 중요한 물음은 없다고 생각합니다. 아니 이 물음은 일생을 정리하기 전에 신속하게 해결하면 할수록 믿음 생활의 태도가 달라지는 중요한 문제입니다. 교회를 출입하는 교인이면서 아직 우리 가운데 그분을 통해 구원 받은 것을 알지 못하는 분들이 계신 것은 아닌지요? 그런데 도대체 우리가 구원 받았다면 그 구원 받은 것을 어떻게 알 수 있단 말입니까?

오늘의 본문은 우리의 영원한 구원을 확인해 볼 수 있는 세 가지 방편을 제시하고 있습니다. 자, 그러면 우리가 구원 받은 것을 어떻게 확인할 수 있을까요?

구원의 주관적인 증거

구원의 주관적인 증거는 예수를 하나님의 아들로 믿느냐는 것입니다. 하나님의 아들이라는 말은 달리 말하면 그리스도라는 말입니다. 하나님의 아들이 그리스도로 오실 것이 약속되어 있었기 때문입니다.

베드로가 예수님께 "주는 곧 그리스도시요 살아 계신 하나님의 아들이시니이다"고 고백한 것을 우리는 기억합니다. 그래서 요한일서 5장 1절에서 이미 사도 요한은 "예수께서 그리스도이심을 믿는 자마다 하나님께로부터 난 자"라고 한 것입니다. 그렇습니다. 하나님께서는 당신의 외아들이신 예수를 그리스도로 이 세상에 보내셨습니다. 우리가 만일 하나님께서 그 아들에 대하여 증거하신 그대로 예수를 그리스도로 곧 하나님께서 기름 부어 보내신 구주와 주님으로 믿는다면 오늘 본문의 증언처럼 우리는 이미 영생을 소유한 구원 받은 자입니다. 그러나 내가 과연 예수를 그리스도로 믿고 있는 것은 또 어떻게 확인할 수 있습니까? 그것은 인생의 도상에서 어느 날 내 인생의 자리에 혹은 나의 마음에 예수를 나의 구주로 인격적으로 영접한 사실이 있었는가를 점검해 보시면 될 것입니다. 요한복음 1장 12절 "영접하는 자 곧 그 이름을 믿는 자들에게는 하나님의 자녀가 되는 권세를 주셨다"고 하시지 않았습니까? 우리 집 문을 노크하는 어떤 분을 내가 믿는다면 나는 그 믿음의 증거로 그를 내 집에 영접하지 않겠습니까? 내가 만일 예수를 구주와 주님으로 내 마음에 영접했다면 하나님의 아들이 내 마음속에 거하시는 것입니다. 우리는 이 사실을 알고 믿어야 합니다.

그리고 이제 다시 12절의 약속을 확인해 보십시오. "아들이 있는 자에게는 생명이 있고 하나님의 아들이 없는 자에게는 생명이 없느니라"고 했습니다. 이미 11절에서 사도 요한은 이 생명, 곧 영원한 생명은 하나님의 아들 안에 있던 것이라고 했습니다. 맞습니다. 영생을 소유하신 유일한 분 곧 하나님의 아들 예수는 자신 안에 있던 이 생명을 인생들에게 나누어 주시고자 이 땅에 오신 것입니다. 로마서 6장 23절에는 "죄의 삯은 사망이요 하나님의 은사(선물)는 그리스도 예수 우리 주 안에 있는 영생이니라"고 했습니다. 그러므로 영생을 소유하신 하나님의 아들이 자기 안에 있는 자에게는 영생이 있고, 아들이 자기 안에 없으면 영생이 없는 것입니다. 주관적이긴하지만 이 예수를 나의 구주로 영접하고 믿음으로 이제 내 안에 영생이 있다는 사실-이것이 곧 우리가 구원 받은 증거입니다. 다시 11절을 읽어 보십시오. "또 증거는 이것이니 하나님이 우리에게 영생을 주신 것과 이 생명이 그의 아들 안에 있는 그것이니라."

그러므로 가장 중요한 것은 내가 내 인생 속에 예수님을 나의 구주로 영접한 사실이 있었느냐는 것입니다. 예수님을 영접하지 못하고 교회만 다니는 사람들을 가리켜 흔히 "명목상의 교인"(Nominal Christian)이라고 합니다. 가장 최근의 통계에 의하면 교회에 출석하는 교인들 중 31%(한미준, Korea Gallup 2004)가 구원의 확신이 있다는 고백을 못하는 것으로 나타났습니다. 아마도 요한계시록 3장에 나오는 라오디게아 교인들 중 이런 명목상의 교인들이 다수였던 것으로 보입니다. 그래서 그들에게 주께서는 이렇게 말씀하십니다. "볼지어다 내가 문밖에 서서 두드리노니 누구든지 내 음성을 듣고 문을 열면 내가 그에게로 들어가리라"(계 3:20). 우리가 목마른 인생을 사는 이유, 열정이 없는 인생을 사는 이유가 영생이 없어서라면, "이제 네게 필요한 것은 금과 은이 아니고 영생의 주인인 내가 필요한 것"이라고 말씀하시는 그분의 음성이 들리시는지요? 이제라도 더 늦기 전에 당신의 마음의 문을 두드리는 그분에게 문을 열고 당신의 주인으로 영접하십시오. 어떤 목사님이 교회에 장기간 결석 중인 낙심자 교우 댁을 방문했다고 합니다. 꼭 만나고자 그가 피하지 못할 저녁 늦은 시간에 아파트 문을 두드렸습니다. 소리가 들리다가 갑자기 조용해지더니 반응이 없었습니다. 할 수 없이 메모를 남기시고 발길을 돌이키셨다고 합니다. "다녀갑니다. 아무개 목사 – 계 3:20." 그런데 다음 주일 그 교인이 교회에 나와서 목사님 사무실에 메모지를 남겼답니다. "지난 밤 미안했습니다. 답례차 저도 다녀갑니다. 아무개 교인 – 창 3:10." "내가 동산에서 하나님의 소리를 듣고 벗었으므로 두려워하여 숨었나이다." 그렇습니다. 두려워 말고 부끄러워도 말고 마음의 문을 열고 예수를 구주로 영접하시고 이제 당신 안에 영생이 있음을 확인하십시오.

구원의 객관적인 증거

예수 영접 사건이 내게 구원의 주관적 증거라면 구원의 객관적 증거는 하나님의 말씀 곧 성경입니다. 본문 13절을 읽어 보십시오. "내가 하나님의 아들의 이름을 믿는 너희에게 이것을 쓰는 것은 너희로 하여금 너희에게 영생이 있음을 알게 하려 함이라." 사도 요한은 이 요한

일서를 기록하는 목적의 하나가 예수를 하나님의 아들로 믿는 자들에게 영생이 주어졌음을 알게 하기 위해서라고 말하고 있습니다. 성경 말씀이 믿는 자들에게 구원의 문서적 증거가 된다는 것입니다. 성경은 거짓이 없는 하나님의 약속의 말씀입니다. 히브리서 6장 17-18절에는 하나님 자신의 약속에 대해 이렇게 기록합니다. "하나님은 약속을 기업으로 받는 자들에게 그 뜻이 변하지 아니함을 충분히 나타내시려고 그 일을 맹세로 보증하셨나니 이는 하나님이 거짓말을 하실 수 없는 이 두 가지(약속과 맹세) 변하지 못할 사실로 말미암아 앞에 있는 소망을 얻으려고 피난처를 찾은 우리에게 큰 안위를 받게 하려 하심이라." 거짓말을 하실 수 없는 하나님이 약속하고 맹세하신 것이라면 얼마나 확실한 것일까요? 예수 믿는 자들은 영생이 주어져 있고 이미 구원 받은 것임을 확인해 주셨다는 것입니다.

제가 아는 분 가운데 어려서 부모가 너무 자주 "너는 다리 밑에서 주어 왔다"고 해서 중학생 때 출생에 대한 의심이 생겨 호적을 떼어 보고 비로소 의심을 버렸다는 분이 있었습니다. 히브리서 6장 18절에는 성경을 사실(fact)이라고 했습니다. 성경은 호적처럼 사실만을 기록한 책입니다. 이 사실의 책을 믿으시면 우리는 의심하거나 흔들릴 필요가 없습니다. 사실을 사실대로 믿는 것이 성경적인 믿음입니다. 반대로 사실이 아닌 것을 사실처럼 믿는 것이 미신이고, 분명한 사실을 사실대로 믿지 못하는 것이 불신입니다. 우리의 모든 신앙의 회의는 믿음의 근거를 사실에 두지 않고 감정에 두기 때문입니다. 좁은 외길 밤길을 걷는 사람이 있다고 합시다. 이 사람의 이름을 믿음 씨(Mr.Faith)라고 가정하겠습니다. 그가 만일 자기 앞에 걷는 사실 씨(Mr.Fact)를 따라 걷는다면 사실은 언제나 사실이기 때문에 그는 똑바로 걸을 것입니다. 그러나 만일 갈팡질팡하는 감정 씨(Mr.Feeling)를 따라 걷는다면 어떻게 되겠습니까? 당신은 진실로 예수를 구주로 믿으십니까? 그분을 당신의 구주로 초대하시고 영접하셨습니까? 그렇다면 성경이 보증합니다. 당신은 구원 받은 것이고 영생이 이미 당신 안에 주어져 있다고 말입니다.

그렇다면 이제 당신은 이렇게 간증할 수 있으셔야 합니다. "나는 나에게 영생이 있음을 아노라!" 여기 안다는 단어는 가장 강력한 확신의 표현입니다. "난 내 아내가 나를 사랑하는 것을 알아요"와 "나는 내 아내가 나를 사랑하는 줄 믿습니다" 중 어느 표현이 더 강력한 확신을 나타내고 있는지요? 다시 한 번 요한일서 5장 13절을 읽으시고 성경 말씀에 근거하여 구원의 확신을 가지시기 바랍니다.

구원의 주관적인 체험

예수 영접 사건이라는 주관적인 증거 그리고 성경 말씀에 근거한 객관적인 증거 외에 오늘 사도 요한은 본문에서 우리의 영원한 구원이 확실하다는 한 가지 체험을 더 추가하여 권면합니다. 이 역시 주관적이긴 하지만 얼마나 많은 성도들이 이것으로 자신들의 구원의 확신 문제를 해결할 수 있었는지 모릅니다. 그것은 바로 기도 응답의 체험입니다. 구원 받은 것을 알고 싶으면 기도해 보라는 것입니다. 기도가 응답되면 당신이 하나님의 자녀이고 구원 받은 것이 확실하다는 것입니다. 그렇다고 우리의 모든 기도가 응답된다는 것은 아닙니다. 전제가 있습니다. 우리가 드린 기도가 하나님의 뜻과 합의할 때 그렇게 된다는 것입니다. 인간적인 욕심에 근거한 것이라면 응답되지 않을 것입니다. "구하여도 받지 못함은 정욕으로 쓰려고 잘못 구하기 때문이라"(약 4:3)고 하셨기 때문입니다. 그러나 하나님의 뜻에 합의한다고 확신할 수 있을 때 우리는 담대하게 기도할 수 있습니다. 이것이 바로 본문의 증언입니다.

14-15절을 보십시오. "그를 향하여 우리가 가진 바 담대함이 이것이니 그의 뜻대로 무엇을 구하면 들으심이라 우리가 무엇이든지 구하는 바를 들으시는 줄을 안즉 우리가 그에게 구한 그것을 얻은 줄을 또한 아느니라." 생각해 보십시오. "너희가 악한자라도 자식에게 좋은 것으로 줄줄 알거든 하물며 구하는 자에게 아버지께서 좋은 것으로 주지 않겠느냐"고 하신 하늘에 계신 우리 아버지께서 아버지의 뜻을 따라 구한 기도를 외면하시겠습니까? 기도의 사람 프러시아 인으로 영국 브리스톨에서 사역한 조지 뮬러(George Muller)는 그가 기록하고 기억할 수 있는 것만 해도 무려 5만 번이나 기도 응답을 경험했다고

간증했습니다. 5만 번이나 기도 응답을 받은 사람이 어떻게 주님의 살아 계심을 부인할 수 있겠습니까? 5만 번이나 기도 응답을 받은 사람이 어떻게 하나님의 사랑을 부인할 수 있단 말입니까? 5만 번이나 기도 응답을 받은 사람이 어떻게 하나님이 내 기도를 들으시는 것을 부인할 수 있겠습니까? 5만 번이나 기도 응답을 받은 사람이 어떻게 주께서 나를 구원하시고 나를 그의 자녀 그의 소유로 삼으신 것을 부인할 수 있단 말입니까?

그러나 사실은 5만 번이 아닌 단 한 번의 기도 응답으로도 우리의 인생이 바뀔 수 있습니다. 저는 처음 교회 나가던 2년간 기도하지 않았습니다. 예수 믿는 사람들의 기도가 너무 유치하고 기복적이라고 생각했기 때문입니다. 그러나 지금 돌이켜 보면 제가 교회만 나가고 구원 받지 못했기 때문이었던 것 같습니다. 그런데 교회 나간 지 2년 반만에 정말 복음을 깨닫고 예수님을 영접하고 나니까 기도하고 싶은 마음이 생겼습니다. 그때 마침 친구가 선물로 준 고급 우산을 잃어버렸습니다. 이것은 잊어버리면 안 되는데 생각하다가 '기도해 볼까?' 하는 맘이 들었습니다. 기도하자마자 다방 구석이 생각났습니다. 달려가 보니 우산이 거기 있었습니다. 남이 볼 때엔 하찮은 일이지만 제게는 흥분되는 일이었습니다. 그때부터 기도가 터졌습니다. 기도의 세계가 열렸습니다. 그 다음부터 담대하게 구하기 시작했습니다. 생각해 보면 기록을 다 하지 않아서 그렇지 그때부터 셀 수 없는 숱한 기도의 응답이 기적처럼 제 인생을 만들어 왔습니다. 그분은 살아 계십니다. 그분은 우리의 기도를 들으십니다. 왜요? 그분이 우리의 아바, 우리는 그의 자녀 그의 소유가 되었기 때문입니다.

이 위대한 구원의 주님을 찬양하지 않으시겠습니까? 그렇습니다. 이 구원의 객관적인 권위의 근거인 말씀과 우리의 구원의 주관적인 체험의 방편인 기도 응답으로 저와 여러분이 구원 받은 놀라운 사실을 확인하십시오. 이제 영원한 구원의 흔들림이 없는 확신, 그 구원의 기쁨으로 남은 인생을 그리고 우리의 평생을 인도 받는 구원 받은 자의 복된 인생을 살아가십시오.

 방 | 향 | 질 | 문

1. 당신은 구원에 대한 영원한 확신을 가지고 있습니까?
2. 확신을 갖게 되었다면 감사를 드리시고, 아직 그렇지 못하다면 신앙의 멘토를 찾아 빠른 시일 내에 상담하십시오.

"하나님이 아브라함에게 약속하실 때에 가리켜 맹세할 자가 자기보다 더 큰 이가 없으므로 자기를 가리켜 맹세하여 이르시되 내가 반드시 너에게 복 주고 복 주며 너를 번성하게 하고 번성하게 하리라 하셨더니 그가 이같이 오래 참아 약속을 받았느니라 사람들은 자기보다 더 큰 자를 가리켜 맹세하나니 맹세는 그들이 다투는 모든 일의 최후 확정이니라 하나님은 약속을 기업으로 받는 자들에게 그 뜻이 변하지 아니함을 충분히 나타내시려고 그 일을 맹세로 보증하셨나니 이는 하나님이 거짓말을 하실 수 없는 이 두 가지 변하지 못할 사실로 말미암아 앞에 있는 소망을 얻으려고 피난처를 찾은 우리에게 큰 안위를 받게 하려 하심이라 우리가 이 소망을 가지고 있는 것은 영혼의 닻 같아서 튼튼하고 견고하여 휘장 안에 들어가나니 그리로 앞서 가신 예수님께서 멜기세덱의 반차를 따라 영원히 대제사장이 되어 우리를 위하여 들어 가셨느니라"(히 6:13-20).

chapter 7

영원한 행복

이런 크리스천 유머가 있습니다. 어떤 형제가 과거에 자기와 교제하던 자매가 결혼하게 되었다는 소식을 듣고 진심으로 축복해 주고 싶었습니다. 그래서 전문을 보냈다고 합니다. "진심으로 결혼을 축복합니다. 요일 4:18." 요한일서 4장 18절은 이런 내용입니다. "사랑 안에 두려움이 없고 온전한 사랑이 두려움을 내쫓나니 두려움에는 형벌이 있음이라 두려워하는 자는 사랑 안에서 온전히 이루지 못하였느니라." 진심으로 이제는 아무런 과거에 대한 두려움을 잊어버리고 새롭게 만난 남편과의 사랑을 온전히 이루는 가정을 만들라는 뜻이었고, 생각하고 또 생각해서 성경 구절을 첨부하여 보낸 것입니다. 그런데 우체국의 실수로 '요일 4:18'이 '일' 자를 뺀 '요 4:18'이 되어 결혼 전날 신부에게 전달되었다고 합니다. 신부가 전문을 받아보니까 "진심으로 결혼을 축복합니다. 요 4:18"이라고 되어 있어서 얼른 성경을 열어 보았습니다. "너에게 남편 다섯이 있었고 지금 있는 자도 네 남편이 아니니 네 말이 참되도다."

잘 아시는 대로 이 말씀은 사마리아 땅 수가성 우물가에서 만난 여인에게 예수님이 하신 말씀이었습니다. 문자 그대로 이 여인은 남편을 다섯 번이나 바꾸면서 행복을 찾았지만 거기에 행복은 없었습니다. 이 여인은 행복을 찾아 오늘은 이 남자, 내일은 저 남자에게로 발걸음을 옮겼지만 그 누구도 그 무엇도 참 행복을 이 여인에게 선물할 수는 없었습니다. 옛 시의 한 대목처럼 이 여인은 행복의 파랑새를 찾아 이 산 너머에서 저 산 너머로 방황했지만 아무 곳에서도 행복을 찾을 수 없었던 것입니다. 그런데 예수님은 이 여인에게 이렇게 선언하셨습니다. "내가 주는 물을 마시는 자는 영원히 목마르지 아니하리니 내가 주는 물은 그 속에서 영생하도록 솟아나는 샘물이 되리라"(요 4:14)고 말입니다. 다시 말하면 예수님은 이 가련한 여인에게 순간적 쾌락이 아닌 영원한 행복을 약속하신 것입니다.

그렇다면 영원한 행복이 과연 가능할까요? 가능하다면 그 영원한 행복의 정체는 무엇이겠습니까? 영원한 행복을 누리게 되기를 기도하면서 오늘 본문 말씀인 히브리서를 통해 성경이 증거하는 영원한 행복의 본질과 확실성, 그리고 그 소망에 대해 이야기해 보겠습니다.

영원한 행복의 본질

히브리서 6장 13-14절에서 히브리서 기자는 믿음의 조상 아브라함에게 하나님이 주신 행복의 약속을 상기시키고 있습니다. "하나님이 아브라함에게 약속하실 때에 가리켜 맹세할 자가 자기보다 더 큰 이가 없으므로 자기를 가리켜 맹세하여 이르시되 내가 반드시 너에게 복 주고 복 주며 너를 번성하게 하고 번성하게 하리라 하셨더니." 본래 이 말씀은 창세기 22장 16-18절에서 인용된 말씀이었습니다.

"내가 네게 큰 복을 주고 네 씨가 크게 번성하여 하늘의 별과 같고 바닷가의 모래와 같게 하리니 네 씨가 그 대적의 성문을 차지하리라 또 네 씨로 말미암아 천하 만민이 복을 받으리니 이는 네가 나의 말을 준행하였음이니라."

본래 아브라함에게 주신 약속의 핵심은 아브라함의 씨가 될 한 분에 대한 것이 그 초점이었습니다. 그리고 그분을 통해 천하만민이 복을 누리게 될 것이라는 것입니다. 이것은 말할 것도 없이 인류의 구주이신 예수 그리스도에 대한 구원의 언약인 것입니다. 신약에서 예수님 자신의 말씀을 읽어 보겠습니다. 요한복음 8장 56절입니다. "너희 조상 아브라함은 나의 때 볼 것을 즐거워하다가 보고 기뻐하였느니라." 결국 하나님께서 믿음의 조상 아브라함에게 약속하신 행복의 본질은 무엇입니까? 그것은 인류가 아브라함의 후손으로 오신 구세주이신 예수님을 믿고 구원 받아 축복의 통로로 쓰임 받는 인생을 사는 것입니다.

죄로부터의 구원 없이 행복은 없습니다. 죄책은 마음의 행복을 앗아가는 가장 큰 장애물입니다. 그런데 우리는 예수님을 믿는 순간 죄 사함을 선물로 얻습니다. 로마서 4장 7-8절에서 바울 사도도 아브라함에게 약속된 이 행복의 본질에 대해 이렇게 말합니다. "불법이 사함을 받고 죄가 가리어짐을 받는 사람들은 복이 있고 주께서 그 죄를 인정하지 아니하실 사람은 복이 있도다." 그러나 믿는 자의 행복은 단순히 죄를 용서 받음에 그치지 않습니다. 하나님이 아브라함을 부르실 때 단순히 그가 용서 받는 행복만을 약속한 것이 아닙니다. 다시 창세기 12장 2절을 기억해 보시기 바랍니다. "내가 너로 큰 민족을 이루고 네게 복을 주어 네 이름을 창대하게 하리니 너는 복이 될지라." 여기 마지막 부분에 "복이 될지라"는 말씀을 주목하셔야 합니다. 그는 다른 사람들을 행복하게 하는 자가 되리라는 것입니다. 진정한 성경적 행복관은 자기 혼자 복을 누림이 아닌 이웃들을 복되게 함으로 자신이 행복해지는 복인 것입니다. 예를 들어 우리가 이제 전도도 하고 이웃들을 위해 중보 기도도 하는 자가 되실 수 있습니다. 우리의 이웃들이 우리를 통해 예수님을 믿기로 결심하는 것을 보고 그들보다 더 행복한 것은 그들을 인도한 우리입니다. 그렇습니다. 잊지 마십시다. 영원한 행복의 본질은 예수님을 믿고 구원 받아 이웃들을 축복하는 통로로 쓰임 받는 인생을 사는 것입니다.

영원한 행복의 확실성

우리가 사는 시대를 가리켜 '불확실성의 시대'라는 말을 합니다. 왜 그렇게 되었을까요? 믿을 수 있는 권위를 상실한 까닭입니다. 우리는 오늘 그 누구도 쉽사리 믿지 못하는 시대를 살아가고 있습니다. 그래서 불확실한 우리의 미래를 보장 받기 위해 은행에 저축을 하고 보험에 가입합니다. 문제는 그 은행을 그리고 그 보험을 믿을 수 있느냐는 것입니다. 이런 유머가 있습니다.

어떤 사람이 어마어마한 액수의 복권에 당첨되었는데, 그 분은 오랫동안 병을 앓아 온 심신이 허약한 분이었다고 합니다. 그래서 그냥 통고를 하면 그 분이 과연 믿느냐도 문제고, 혹시 그 소식에 충격을 받아 쓰러지지 않을까 걱정이 되어 보험 회사에서는 회의를 거쳐 그 당첨자가 교회에 나가는 분인 것을 알고 교회 목사님에게 충격이 안 되도록 상담하면서 통고해 달라는 부탁을 했다고 합니다. 그래서 목사님은 그 교인을 만나 조심스럽게 복권을 사신 일이 있느냐고 물었습니다. 그가 "예"라고 대답하자, 제가 기도해 드리고 싶은 맘이 생겼다고 말을 꺼낸 다음 "그런데 만일, 만일에 그 복권이 당첨되면 어떻게 하시겠느냐?"고 물었습니다. 그러자 그 교인은 서슴없이 "예, 그런 일이 생긴다면 절반을 목사님께 드리지요"라고 하더랍니다. 목사님이 그 말을 듣고 충격을 받아 그만 돌아가셨다고 합니다. 물론 지어낸 이야기지만 우리 세태를 풍자한 유머가 아닐까 생각합니다.

그런데 성경은 우리가 어느 시대에나 안심하고 신뢰할 수 있는 유일한 대상이 바로 하나님이라고 선포합니다. 구약 전체를 한마디로 요약하면 '여호와(창조자 하나님)를 신뢰하라' 는 것이고, 신약 전체를 한마디로 요약하면 '예수 그리스도(구속자 하나님)를 믿으라' 는 것 아닐까요. 오늘 본문에서 히브리서 기자는 하나님께서 믿음의 조상 아브라함과 그의 믿음의 후손들인 하나님의 백성들에게 영원한 행복을 언약하신 것을 믿을 수 있는 두 가지 근거를 제시합니다.

먼저 18절입니다. "이는 하나님이 거짓말을 하실 수 없는 이 두 가지 변하지 못할 사실로 말미암아 앞에 있는 소망을 얻으려고 피난처를 찾은 우리에게 큰 안위를 받게 하려 하심이라." 그럼 두 가지 변치 못할 사실은 무엇일까요? 선행하는 17절에서 그 대답을 얻을 수 있습니다. "하나님은 약속을 기업으로 받는 자들에게 그 뜻이 변하지 아니함을 충분히 나타내시려고 그 일을 맹세로 보증하셨나니." 다시 말하면 하나님의 약속과 하나님의 맹세라는 것입니다. 하나님의 약속의 신실성 그리고 하나님의 맹세의 보증성을 걸고 내가 내 백성들에게 언약한 영원한 행복은 믿어도 좋다는 것입니다. 우리는 흔히 우리가 무엇을 맹세할 때 내 권위로는 충분치 않기에 하늘을 걸고 맹세한다는 말을 씁니다. 그러면 하나님은 무엇을 걸고 맹세하실까요? 본문이 시작되는 13절 말씀이 흥미롭습니다. "하나님이 아브라함에게 약속하실 때에 가리켜 맹세할 자가 자기보다 더 큰 이가 없으므로 자기를 가리켜 맹세하여"라고 말합니다. 하나님은 모든 약속의 최종적 권위이십니다. 그가 자신의 명예, 자신의 모든 것을 걸고 우리의 행복을 보증하십니다. 그러면 된 것이 아닙니까? 그만하면 안심해도 되지 않겠습니까? 그렇습니다. 그리스도인들의 영원한 행복의 확실성을 영원하신 하나님이 보증하셨습니다. 믿으시기 바랍니다.

영원한 행복의 소망

인생은 일종의 항해라고 할 수 있습니다. 항해의 성공 여부는 험한 파도를 헤치고 포구까지 무사히 승객들을 인도할 수 있느냐에 있습니다. 과연 그 항구에 정박한 배가 파도에 떠밀리지 않고 그 승객들을 지킬 것이냐가 관건입니다. 본문은 그렇다고 대답합니다. 이 소망은 흔들릴 필요가 없는 견고한 소망이라고 가르칩니다. 19-20절의 말씀입니다. "우리가 이 소망을 가지고 있는 것은 영혼의 닻 같아서 튼튼하고 견고하여 휘장 안에 들어가나니 그리로 앞서 가신 예수님께서 멜기세덱의 반차를 따라 영원히 대제사장이 되어 우리를 위하여 들어 가셨느니라." 히브리서에서 예수님은 우리의 영원한 대제사장으로 소개됩니다. 그분은 우리가 갈 길을 앞서 가신 분이시며 또한 우리를 위해 중보하시며 인도하시는 분이십니다. 구약의 대제사장들은 그들이 살아 있는 동안에만 그들의 역할을 감당하고 그 역할을 다른 제사장에게 승계할 수밖에 없었지만 딱 한 사람, 구약 창세기에 시작도 끝도 모를 신비한 제사장 멜기세덱이란 인물이 있었는데 예수님께서는 바로 그런 유형의 제사장으로서 그의 역할은 영원하신 대제사장이신 것입니다. 그분이 인도하시기에 우리는 모두 구원을 이루고 하늘의 지성소에 들어가 주님 앞에 서게 될 것입니다. 우리의 구원은 마침내 이룰 것이며 그 구원은 확실한 것입니다.

그렇습니다. 우리가 살다 보면 우리의 환경에 의해 우리의 믿음이 크게 흔들릴 수도 있고, 우리의 육체가 병들 수도 있고, 정신이 망가질 수도 있습니다. 그래도 한 번 구원을 체험하고 하나님의 백성이 된 사람들의 구원은 하나님에 의해 보장된다고 성경은 가르칩니다. 한 번 구원하신 그 백성들을 하나님께서는 결코 버리시지 않는다는 것입니다. 이는 그분의 신실하심과 그분의 불변하신 언약 때문입니다. 그래서 기독교 교리에서는 이런 성도의 구원의 안전성을 가리켜 '영원한 안전(eternal security)의 교리' 혹은 '견인(perseverance)의 교리'라고 불러 왔습니다. 찬송가 작가 가운데 릴리아 모리스(Lelia N. Morris) 여사라는 분이 있었습니다. 그녀는 나이 50세부터 시력을 상실하기 시작하여 52세가 되자 완전히 실명을 하고 말았습니다. 하지만 그녀는 여전히 찬송을 작사하고 작곡하면서 믿음의 소망을 버리지 않았습니다. 주위 사람들이 힘들지 않느냐, 피곤치 않느냐고 질문할 때마다 그녀의 대답은 한결같았다고 합니다. "영원하신 팔이 저를 붙들고 계시는데요." 바로 찬송가 464장이 모리스 여사의 간증이며 신앙의 고백이었던 것입니다.

곤한 내 영혼 편히 쉴 곳과
풍랑 일어도 안전한 포구
폭풍까지도 다스리시는
주의 영원하신 팔 의지해
주의 영원하신 팔 함께하사
항상 나를 붙드시니
어느 곳에 가든지 요동하지 않음은
주의 팔을 의지함이라.

저 포구에 정박한 배가 폭풍이 일어도 흔들리지 않고 정박할 수 있는 것은 저 보이지 않는 깊은 바다에 닻을 내리고 정박해 있기 때문입니다. 어제나 오늘이나 영원히 동일하신 우리 주님에 대한 신뢰와 소망,

그것이 바로 성도들의 영혼의 닻인 것입니다. 그래서 우리의 구원은 영원합니다. 우리의 행복도 영원합니다. 우리의 소망도 영원합니다. 이 영원한 행복을 주시는 주님께 지금 감사의 기도를 드리십시오.

 방 | 향 | 질 | 문

1. 당신의 구원의 확실성의 근거는 무엇입니까?
2. 아직도 구원의 확신이 없다면 진지한 질문을 나눌 상대를 생각해 보십시오.

"너희가 거듭난 것은 썩어질 씨로 된 것이 아니요 썩지 아니할 씨로 된 것이니 살아 있고 항상 있는 하나님의 말씀으로 되었느니라 그러므로 모든 육체는 풀과 같고 그 모든 영광은 풀의 꽃과 같으니 풀은 마르고 꽃은 떨어지되 오직 주의 말씀은 세세토록 있도다 하였으니 너희에게 전한 복음이 곧 이 말씀이니라 그러므로 모든 악독과 모든 기만과 외식과 시기와 모든 비방하는 말을 버리고 갓난아기들 같이 순전하고 신령한 젖을 사모하라 이는 그로 말미암아 너희로 구원에 이르도록 자라게 하려 함이라"(벧전 1:23-2:2).

"이 예언의 말씀을 읽는 자와 듣는 자와 그 가운데에 기록한 것을 지키는 자는 복이 있나니 때가 가까움이라"(계 1:3).

chapter 8

영원한 말씀

우리는 흔히 기독교 특히 개신교를 '말씀의 종교'라고 일컫습니다. 이런 표현은 사실상 종교 개혁이라는 역사적 사건에서부터 유래한 것이라고 할 수 있습니다. 그러니까 종교 개혁이 일어날 무렵, 교회는 신앙의 성장이나 표현을 상당 부분 성경 말씀보다도 교회의 전통과 그것을 표현하는 종교 의식에 의존하고 있었습니다. 그러다 보니 나중에는 전통적 의식들이 의식을 위한 의식이 되어 버림으로써 신앙의 내용을 상실하는 위기에 처했습니다. 이때 종교 개혁자들이 일어나서 부르짖은 것이 소위 'Sola Scriptura' (오직 성서)였습니다. 그래서 성경을 봉독하고 성경을 강해하고 성경의 핵심 케리그마(복음의 메시지)를 선포하는 초대 교회의 관습이 교회의 중심에 다시 자리 잡기 시작했고, 교회당의 구조 자체도 과거 의식 중심의 제단 형태에서 심플한 강단이 중심이 되는 구조로 변하게 되었던 것입니다. 물론 현재는 지나치게 말씀만을 강조하다 보니까 말씀을 표현하고 신앙을 오감으로 체험하는 의식의 필요성을 느낀 나머지 개신 교회 강단들도 다시 제단 형태로 복귀하는 현상을 보이기도 합니다. 이런 운동을 최근에는 '이머징 교회 운동'이라고 부릅니다. 저는 교회 의식의 무용론을 주창하는 사람은 아닙니다. 신앙이 충분하게 내용을 갖추고 있을 때 그 신앙을 표현하는 소위 전통 의식들은 나름대로 우리에게 영적 유익을 제공할 수도 있다고 믿습니다. 그러나 양보할 수 없는 기독교 신앙의 우선순위는 아직도 말씀이라고 믿습니다. 기독교 신앙을 수용한 사람들이라면 말씀을 경험하지 않고 신앙의 성숙과 신앙인으로서의 소명을 실현할 수 없다는 것을 알기 때문입니다.

오늘의 두 개의 본문은 모두 이런 말씀의 중요성을 우리에게 전달하는 매우 중요한 내용들입니다. 한 본문은 사도 베드로를 통해, 또 한 본문은 사도 요한을 통해 우리에게 주어졌습니다. 우리는 이 두 개의 본문을 통해 말씀의 역할과 이 말씀이 우리의 삶에 진정한 축복이 되기 위해서 우리가 어떻게 말씀에 접근해야 할 것인가를 성찰하고자 합니다. 자, 그러면 이제 우리 함께 말씀의 역할과 말씀의 축복을 경험하는 방편들을 살펴보도록 하겠습니다.

말씀의 첫 번째 역할

단적으로 오늘 베드로전서의 본문을 요약하면 말씀 없이 우리는 하나님의 자녀가 될 수 없고 하나님의 자녀로서 성장할 수도 없다는 것입니다. 결국 말씀의 첫째 역할은 '인간을 거듭나게 하는 것'이라고 할 수 있습니다. 23절의 말씀입니다. "너희가 거듭난 것은 썩어질 씨로 된 것이 아니요 썩지 아니할 씨로 된 것이니 살아 있고 항상 있는 하나님의 말씀으로 되었느니라." 여기서 흥미로운 것은 '씨'(seed)라는 단어입니다. 본래 원문에서의 이 단어는 'sporos' 혹은 'sperma'라는 말로 되어 있습니다. 여기서 비롯된 영어 단어가 'sperm'인데 우리말로 '정충'이라는 단어입니다. 한 남자가 한 여인을 사랑하여 그녀의 밭에 사랑의 씨를 뿌리면 새 생명이 태어나듯, 우리 인간이 하나님의 사랑을 깨닫고 하나님의 말씀의 씨를 받아들이면 우리는 새롭게 태어나 하나님의 자녀가 되는 것입니다. 인간의 썩을 씨도 생명을 잉태하거늘 썩지 아니할 하나님의 말씀의 씨는 얼마나 놀라운 능력으로 새 생명을 만들 수 있겠습니까? 이 말씀은 살아 있고 항상 있는 말씀이며 세세토록 있는 영원한 말씀이어서 (벧전 24-25절 참조) 영원한 생명을 선물하는 것입니다. 야고보서 1장 18절을 보십시오. "그가 그 피조물 중에 우리로 한 첫 열매가 되게 하시려고 자기의 뜻을 따라 진리의 말씀으로 우리를 낳으셨느니라." 무엇으로 우리를 낳으셨다구요? 맞습니다. 진리의 말씀, 영원하신 말씀으로 우리를 하나님의 자녀가 되게 한 것입니다. 그러나 말씀의 역할은 거기에 머물지 않습니다.

말씀의 두 번째 역할

'거듭난 인간을 영적으로 자라게 하는 것'이 곧 말씀입니다. 사도 베드로는 하나님의 말씀을 씨와 같다고 하다가 다시 베드로전서 2장 2절에서는 젖과 같다고 비유합니다. 방금 태어난 어린 아기에게 엄마의 젖(모유)처럼 소중한 것이 어디 있겠습니까? "갓난아기들 같이 순전하고 신령한 젖을 사모하라 이는 그로 말미암아 너희로 구원에 이르도록 자라게 하려 함이라." 하나님의 말씀을 듣고 예수 그리스도를 인격적으로 구주와 주님으로 영접하는 순간 우리는 구원 받은 하나님의 자녀가 됩니다. 그러나 아직 우리의 구원은 완성된 것이 아닙니다. 구원의 완성을 향해 우리는 자라 가야 합니다. 기독교 교리에서는 이것을 성화(sanctification)의 구원이라고 합니다. 주님의 거룩하심을 닮아 가는 것입니다. 그런데 다시 이것을 가능하게 하는 것이 바로 말씀이라는 것입니다. 어린 아기가 엄마의 젖을 먹고 자라 가듯이 구원 받은 하나님의 자녀들도 말씀을 먹고 거룩하게 자라가야 합니다.

요한복음 17장 17절에서 예수님은 세상을 떠나가시기 전 당신의 제자들을 위해 기도하시며 가장 중요한 이런 기도를 남기십니다. "그들(제자들)을 진리로 거룩하게 하옵소서 아버지의 말씀은 진리니이다." 그렇습니다. 우리를 거듭나게 한 이 말씀이 다시 우리를 영적으로 거룩하게 하고 거룩하신 주님을 닮아 가도록 자라게 하는 것입니다. 그러나 말씀의 역할은 또한 거기에서만 머무는 것이 아닙니다. 사도 요한은 이 말씀만이 우리를 진정 복되게 한다고 약속합니다.

말씀의 축복을 경험하는 방편들

문제는 어떻게 구체적으로 우리가 말씀의 축복을 경험할 수 있느냐는 것입니다. 사도 요한은 성경의 마지막 책인 요한계시록의 서론에서 말씀의 축복을 삶의 현장에서 구체적으로 경험하기 위해 우리가 할 일 세 가지를 제시합니다.

> "이 예언의 말씀을 읽는 자와 듣는 자와 그 가운데에 기록한 것을 지키는 자는 복이 있나니 때가 가까움이라"(계 1:3).

우리의 할 일 중 첫째는 말씀을 읽어야 한다는 것입니다. 아주 오랜 옛날부터 우리 신앙의 선배들은 성도가 할 수 있는 일 중에 말씀 읽기를 '가장 거룩한 일'(the most sacred thing)이라고 생각했습니다. 그래서 성경 읽기를 가리켜 'Lectio Divina' (Divine Reading/Sacred Reading), 즉 '거룩한 독서'라고 불러 왔습니다. 여러분, 금년 한해 얼마나 거룩한 독서에 힘써 오셨습니까? 많이 읽지 않은 것은 아닙니까? 그러고도 어떻게 우리가 거룩한 삶을, 능력의 삶을, 진정한 복된 삶을 기대할 수 있단 말입니까?

멕시코에 한 할머니가 예수님을 믿었습니다. 그런데 이 할머니에게는 두 가지 소원이 있었습니다. 하나는 성경을 맘껏 읽는 것이었고, 또 하나는 전도하는 것이었습니다. 그런데 전도하려고 해도 성경을 알아야 하는데 이 할머니는 문맹이었습니다. 그래서 할머니는 기도를 시작하셨습니다. "주님, 성경도 읽고 싶고 전도도 하고 싶은데 어떻게 하면 좋겠습니까?" 그러던 중 기도 가운데 지혜가 생겨났습니다. 이 할머니 댁 바로 앞에 중학교가 있었는데, 매일 학교 쉼터에서 쉬는 학생들에게 성경을 가지고 가서 내가 이 책을 읽고 싶은데 읽어 줄 수 있느냐고 부탁하기로 한 것입니다. 먼저 요한복음 3장을 접어 두었다가 이 부분을 읽어 달라고 했습니다. 천천히 또박 또박 읽어 달라고 부탁한 다음, 할머니는 속으로 이 학생이 성경을 읽는 동안 성령께서 학생에게 이 진리를 깨닫게 해 달라고 기도했습니다. 무슨 일이 일어났을까요? 이 할머니를 통해서 수백 명의 학생들이 예수님을 믿는 역사가 일어났다고 합니다. 이것이 바로 성경 읽기의 능력입니다.

우리의 할 일 중 둘째는 말씀을 들어야 한다는 것입니다. 얼른 피상적으로 생각하면 말씀을 듣고 그 후에 읽기를 강조하는 것이 순서처럼 느껴집니다. 그런데 왜 요한은 읽기에 이어서 듣기를 강조했을까요? 우리는 성경을 읽으면서도 여전히 하나님의 음성을 듣지 못할 수가 있기 때문입니다. 우리가 읽는 성경을 통해서 하나님의 음성을 듣지 못하는 이유가 무엇 때문인지 아십니까? 조심스럽고 진지하게 읽지 않기 때문입니다. 어떻게 진지하게 읽기를 할 수 있습니까? 읽은 말씀을 묵상해야 합니다. 성경 읽기는 음식을 삼키는 것과 같습니다. 그런데 우리는 좋은 음식을 삼키고도 여전히 우리가 먹은 음식의 혜택을 누리지 못하는 수가 있습니다. 언제 그렇습니까? 그 삼킨 음식을 충분히 소화시키지 못하는 경우가 그렇습니다.

우리 교회에 자주 방문하시는 버지니아 리버티 신학교의 김창엽 박사님은 87세의 노장이신데, 아직도 신학교에서 다른 교수들과 마찬가지로 주간 모든 강의를 담당하시고 주말에는 미주와 세계 각처에 집회를 다니십니다. 그 분의 건강의 비밀 중에 하나가 음식을 30번씩 씹어서 삼키시는 일입니다. 그러니까 못 잡수실 음식이 없고 모든 음식이 얼마나 맛이 있는지 모르시겠다고 하십니다. 예로부터 영성 수련가들은 성경 묵상을 소의 되새김질에 비유하였습니다. 말씀을 씹고 또 씹고 묵상하는 중에 말씀이 내 것이 되고 그 말씀이 하나님의 말씀으로 내게 들려오는 것입니다. 영성 신학자 유진 피터슨(Eugene

Peterson)은 「이 책을 먹으라」는 책에서, 자신의 집에서 키우는 사냥개가 어느 날 사슴 뼈다귀를 발견하고 그 뼈다귀가 하얗게 드러날 때까지 물어뜯고 또 뜯고 다시 그 뼈다귀를 음미하며 핥아 먹는 장면을 보다가 갑자기 히브리어 성경의 한 단어를 연상했다고 합니다. 그 단어는 '하가'(hagah)였는데, 시편 1편에 주야로 율법을 묵상한다고 했을 때 바로 그 단어가 사용되고 있습니다. 그런데 그와 동일한 단어가 이사야 31장 4절에서도 사용되고 있습니다. "큰 사자나 젊은 사자가 자기의 먹이를 움키고 으르렁거릴 때에…"라고 할 때 '으르렁거린다'는 단어가 바로 '하가'인 것입니다. 사랑하는 여러분, 언젠가 하나님의 말씀이 너무 재미있어서 으르렁거리며 이 말씀을 묵상하고 그 진리에 빠져 들며 하나님의 거룩한 음성을 들은 적이 계신지요?

우리의 할 일 중 셋째는 말씀을 지켜야 한다는 것입니다.

하나님의 말씀을 읽고 듣는 것도 중요하지만 최종적으로 중요한 것은 그 말씀을 지키는 것입니다. 묵상의 목적도 묵상 그 자체에 있는 것이 아니라, 그 진리를 붙들고 살기 위함이어야 합니다. 그때에야 비로소 그 말씀이 우리의 건강이 되고 우리의 생명이 되는 것입니다. 묵상이라는 단어는 본래 메디켈루스(medicelus)라는 단어에서 나온 말인데, 이 단어에서 약(medicine)이라는 말이 나왔습니다. 묵상을 잘 하면 우리의 삶에 양약이 되는 것입니다. 그런데 중요한 것은 지속적으로 꾸준히 묵상을 해야 한다는 것입니다. 하루 큐티(QT)를 거른다고 큰일이 일어나지는 않습니다. QT를 한 사람과 안 한 사람 사이의 하루가 별 차이를 만들지는 않습니다. 그러나 그것이 한 달이 되고 두 달이 되면 큰 차이가 됩니다. 또 어떤 성도들 중에는 QT를 며칠 하고 나서 당장 기적이 일어날 것을 기대합니다. 그것은 성경을 보약으로 대하는 것이 아니라, 마약으로 대하는 것입니다. 마약은 당장에 변화를 제공합니다. 그러나 그것은 바람직하지 않은 변화입니다. 보약은 당장에 변화를 제공하지는 않지만 6개월이나 1년이 지나면 현저한 변화를 제공합니다. 그러므로 꾸준히 말씀을 묵상하고 지키도록 노력해야 합니다. 작은 변화가 결국 큰 변화를 가져올 것입니다.

유진 피터슨은 묵상한 말씀이 우리의 삶 속에 스며드는 과정을 관상(contemplation)으로 이해합니다. 관상의 침묵은 단순한 침묵이 아니라, 묵상한 말씀을 품고 하나님 앞에 머무는 시간이기 때문입니다. 「이 책을 먹으라」에서 언급한 유진 피터슨의 관상에 대한 정의를 인용해 보겠습니다. "렉치오 디비나의 마지막 요소가 관상이다. …관상은 읽고 묵상하고 기도한 텍스트를 나날의 일상에서 산다는 것을 의미한다. 그 텍스트를 우리의 근육과 뼈, 산소를 만드는 폐와 피를 펌프질하는 심장에 받아들이는 것을 의미한다. …관상은 읽은 바를 살아 내는 것을 의미한다. 그 어떤 것도 낭비하지 않고 그 어떤 것도 저장해 두지 않고 삶에서 그것을 다 써 버리는 것이다. 그 삶은 하나님의 계시의 말씀, 읽고 듣고 묵상하고 기도한 하나님의 말씀에 의해 형성된 삶이다."

다시 말하면 성경을 읽고 묵상한 궁극적인 결과를 유진 피터슨은 관상의 삶으로 이해한 것입니다. 관상의 삶이란 한마디로 예수님이 살아가신 삶, 곧 자신을 드러내지 않고 인내하며 사랑하고 섬기는 그 조용하지만 권세 있는 삶인 것입니다. 이런 인생을 위해 성경을 들고 살아가는 평생을 결단해 보지 않으시겠습니까? 진짜 복 있는 삶을 위해서 말입니다.

 방 | 향 | 질 | 문

※ 아래 질문에 따라 자신의 삶을 평가해 보십시오.

1. 말씀 읽기
2. 말씀 듣기
3. 말씀 지키기

"새벽 아직도 밝기 전에 예수께서 일어나 나가 한적한 곳으로 가사 거기서 기도하시더니 시몬과 및 그와 함께 있는 자들이 예수의 뒤를 따라가 만나서 이르되 모든 사람이 주를 찾나이다 이르시되 우리가 다른 가까운 마을들로 가자 거기서도 전도하리니 내가 이를 위하여 왔노라 하시고 이에 온 갈릴리에 다니시며 그들의 여러 회당에서 전도하시고 또 귀신들을 내쫓으시더라"(막 1:35-39).

chapter 9

영원한 갈망

한 사람이 예수를 참으로 믿고 거듭나게 되면 그의 인생의 여러 영역에 변화가 일어나게 됩니다. 그 현저한 변화의 하나는 영원하고도 새로운 갈망을 갖게 된다는 것입니다. 그중에서도 기도의 갈망은 가장 두드러집니다. 우리는 갑자기 기도하고 싶어지고 기도를 배우고 싶어집니다. 기도의 갈망이야말로 우리가 하나님의 자녀가 된 증거라고 할 수 있습니다. 이것은 예수님의 처음 제자들에게도 예외가 아니었습니다. 누가복음 11장에 보면 어느 날 예수께서 기도하고 일어서시는 모습을 지켜보던 제자들에게 기도의 갈증이 일어났던 것 같습니다. 아마도 기도를 마치신 예수의 모습에서 기도의 영광을 보았고, 기도의 목마름을 느꼈던 것으로 보입니다. 이때 제자 중 하나가 예수께 나아와 이렇게 호소합니다. "선생님, 우리에게도 기도를 가르쳐 주옵소서." 누가복음에 의하면 이런 제자들의 청에 답하여 기쁨으로 가르쳐 주신 것이 바로 "주기도"로 되어 있습니다.

오늘의 마가복음의 본문은 공생애 사역 초기의 예수님의 기도 생활을 잘 보여 주고 있습니다. 그분은 하나님의 아들이면서도 기도의 갈망을 안고 사셨던 것입니다. 그리고 하루하루를 기도로 하나님의 뜻을 이루어 드리는 인생을 살아가셨습니다. 우리는 이런 예수님에게서 어떻게 우리의 기도의 갈망을 실현할 수 있는지를 배우고자 합니다. 기도의 갈망, 과연 어떻게 실현할 수 있을까요?

기도 갈망의 장애를 극복하라

우리에게 기도의 갈망이 있다고 해서 다 기도하는 것은 아닙니다. 대부분의 성도들은 기도를 하긴 해야 할 터인데 소원은 하면서도 실상은 기도 없는 일생을 살아가고 있는 것으로 보입니다. 한 통계에 의하면 '기도하는 한국 교회'라는 명성과는 다르게 한국 교회 성도들의 하루 평균 기도하는 시간이 일반 평신도들은 5분-10분, 제직들은 10분-15분, 성직자들은 20분으로 되어 있었습니다. 별 차이가 없었습니다. 그러면 왜 우리가 기도를 갈망하면서도 실제로는 기도를 하지 못할까요? 바로 기도의 장애를 극복하지 못하기 때문입니다. 기도 갈망의 가장 보편적인 장애가 무엇인지 아십니까? 바쁨과 피곤함입니다. 우리는 바빠서 그리고 피곤해서 기도하지 못하는 것입니다. 그런데 오늘 본문은 우리가 이런 핑계를 못하도록 도전하고 있습니다. 유난히도 바쁘고 피곤한 하루를 보내신 예수님이 그 이튿날 그 바쁘고 피곤하심을 기도로 극복하는 모범을 보여 주고 있기 때문입니다. 그분은 오히려 바빠서 기도하지 못하신 것이 아니라 바빠서 더욱 기도하셨다는 것입니다.

마가복음 1장 21절부터 보면 그 전날이 안식일이었던 것을 알 수 있습니다. 안식일 아침 예수께서는 회당에 들어가 가르치시는 일로 하루를 시작하셨습니다. 예배 중 귀신 들린 자가 소리 지르며 예배를 방해하자 그 사람에게서 귀신을 쫓아내시는 일을 하셨습니다. 예배 후 그분은 쉬기 위해 시몬 베드로의 집에 가셨는데 거기서 다시 베드로의 장모가 열병으로 고생하는 모습을 보고 그녀를 기도로 고치셨습니다. 어느새 저녁이 되었는데도 예수님의 치유의 소문이 퍼지자 온 동네 병자들이 그 집 앞에 몰려들었고 예수께서는 그들을 일일이 저녁 늦게까지 고치시면서 밤이 저물었던 것입니다. 얼마나 바쁘고 피곤한 하루였는지요? 그런데 예수께서는 그 이튿날 새벽 오히려 미명에 일어나 기도하신 것입니다. 전날 너무나 바쁘셨기 때문에 그 이튿날은 늦게까지 안식을 취하신 것이 아니라 새벽에 일어나 기도하셨다는 말입니다. 전날의 바쁨과 피곤을 오히려 기도로 극복하신 것입니다. 최근에 유명한 윌로크릭 교회의 빌 하이벨스(Bil Hybels) 목사님이 펴내신 책의 제목처럼 '너무 바빠서 기도합니다'가 예수님의 기도관이셨던 것입니다.

1930년대 나치 독일의 핍박을 피해 미국으로 망명한 아인슈타인(Einstein)은 프린스턴 대학 근처에 집을 장만하고 살았다고 합니다. 대학의 명망 있는 과학자들이 주로 방문하여 그와 교유하며 즐겁게 과학적인 토론을 하며 여러 가지 도움을 받았습니다. 그런데 어느 날 에미(Emmy)라는 어린 소녀가 아인슈타인 박사의 집문을 노크했다고 합니다. 왜 왔느냐고 물었더니 "수학 숙제를 풀다가 너무 어려워 못하겠는데 유명한 수학 박사님이 여기 사신다는 말을 듣고 도움을 받으러 왔다"는 것입니다. 아인슈타인은 이 소녀를 정중하게 집안에 들어오게 하고 도와주면서 언제든지 도움이 필요하면 다시 오라고 했습니다. 나중에 이 소식을 들은 에미의 어머니가 쿠키를 구워 가지고 방문하여 바쁘신 분을 제 딸이 괴롭혀 드려 죄송하다고 했더니 이런 말을 했다고 합니다. "작은 문제나 큰 문제나 내가 누군가를 도울 수 있다는 것은 언제나 기쁨입니다. 그리고 제게는 프린스턴의 교수들이나 댁의 딸 에미나 똑같은 손님이구요."

사랑하는 여러분, 아인슈타인도 이렇게 어린 소녀를 도울 수 있었는데 하나님이 우리의 기도를 번거롭게 생각하실까요? 아닙니다. 그분은 우리의 기도를 들으실 준비가 되어 있습니다. 우리가 만일 우리의 바쁨을 핑계하지 않고 그분에게 나아갈 수만 있다면 말입니다. 그분은 우리의 작은 문제나 큰 문제나 우리를 도우시는 것을 기쁨으로 여기시는 자비하신 하나님이십니다. 그분이 바쁘신 것이 문제가 아니라, 우리가 우리의 바쁨을 핑계하고 있는 것이 문제입니다.(사실 바쁘기로 따진다면 하나님보다 더 바쁘신 분이 있을까요?) 부디 바쁨이라는 장애를 극복하고 주께 기도로 나아오는 성도가 되시기를 바랍니다.

기도 갈망의 실현을 준비하라

그러나 우리 안에 있는 기도의 갈망이 구체적인 기도로 실현되려면 구체적인 준비가 있어야 합니다. 무엇보다 중요한 것은 기도에 필요한 일정한 시간과 장소를 정해야 한다는 것입니다. 물론 우리는 어느 때 어느 곳에서나 기도할 수 있습니다. 그러나 하나님과의 집중적인 대면을 위하여 다른 사람들이나 부적절한 사건에 의해 방해 받지 않는 조용한 시간과 조용한 장소를 확보하는 것은 기도를 실현하는 첫걸음이라고 할 수 있습니다. 그래야 한 번으로 끝나는 충동적인 기도가 아니라 지속적으로 기도할 수 있는 것입니다. 그래서 우리의 선배들은 이런 시간을 가리켜 QT(Quiet Time), 경건의 시간, 더 오랜 옛날에는 'Morning Watch'라고 부르기도 했습니다. 우리 한국 교회에는 새벽 기도의 전통을 갖고 있습니다. 할 수만 있다면 모든 일이 시작되기 전 새벽에 교회에 나와 기도로 하나님을 만나고 하루를 시작한다면 더 없이 좋을 것입니다. 직장 출근이나 신체적인 조건으로 불가능하다면 오전 조금 늦게 집이나 직장에서 경건의 시간을 가지실 수 있을 것입니다. 제가 잘 아는 사업가는 아침 일찍 교통에 방해 받지 않는 이른 시간에 출근해 아침 운동을 하고 직원들이 도착하기 전에 사무실에서 매일 QT를 한다고 합니다. 아마 예수님도 유사한 계획으로 기도를 준비하고 실천하신 것으로 보입니다.

다시 본문을 보십시오. 35절에 보면 그가 선택하신 시간은 언제였습니까? 새벽 오히려 미명, 아직도 아침이 깨어나지 않은 조용한 시각이었습니다. 장소는 어디였습니까? '한적한 곳'이었습니다. 조용한 시간과 조용한 장소(Quiet Time, Quite Place)를 선택하신 것입니다. 누가복음 22장 39절에 보면 예수님께서 이런 장소에서 기도하신 것은 거의 습관이었던 것 같습니다. "예수께서 나가사 습관을 따라 감람 산에 가시매." 십자가를 지실 준비 기도를 하신 것으로 되어 있습니다. 인생을 살면서 좋은 습관을 갖는 것은 인생을 성공적으로 사는 가장 중요한 비밀입니다. 우리의 자녀들에게 교회 가는 습관, 예배하는 습관, 성경 읽는 습관, 기도하는 습관, 공부하는 습관을 가르치시면 자녀 교육의 절반은 성공하신 것입니다. 그런데 고3이 되었다고 교회는 나중에 가도 된다고 교회 가는 습관을 오히려 방해하는 부모들도 계십니다. 주일 예배의 습관이 없는 자녀가 대학에 가서 갑자기 교회 나간다는 보장이 있을까요? 예배가 습관이 되어야 하듯 기도가 습관이 되도록 하십시오. 여러분이 매일 규칙적으로 하나님을 만나 대화할 수 있는 여러분만의 조용한 장소(골방)와 시간을 선택하십시오. 그것이 우리 안에 있는 기도의 갈망을 실현하는 시작입니다.

기도 갈망의 결과를 기대하라

우리의 기도 갈망이 현실화되려면 우리는 먼저 기도의 삶이 가져오는 현실적 결과를 예측해 볼 필요가 있습니다. 그렇다면 예수님의 새벽기도가 구체적으로 그날의 일정에 미친 영향을 살펴보아야 합니다. 예수께서 새벽 미명 한적한 곳에 나아가 기도하신 후 제자들이 다시 주님을 찾았습니다. 그리고 어제 예수께서 가버나움 마을에서 많은 병자들을 고치신 결과로 오늘은 더 많은 마을 사람들이 예수를 만나고 싶어 한다는 소식을 전합니다. 36-37절의 말씀입니다. "시몬과 및 그와 함께 있는 자들이 예수의 뒤를 따라가 만나서 이르되 모든 사람이 주를 찾나이다." 바로 이때 예수님의 반응을 주목해 보아야 합니다. 38절의 말씀입니다. "이르시되 우리가 다른 가까운 마을들로 가자 거기서도 전도하리니 내가 이를 위하여 왔노라." 다시 말하면 예수님은 제자들의 의견을 따라 가버나움에 머무르시기보다 그날은 다른 계획이 있음을 명확히 하신 것입니다. 가버나움뿐 아니라 복음을 들어야 할 다른 마을들에도 가서 전도해야 한다고 하신 것입니다. "내가 이를 위하여 왔노라"고 하셨습니다. 여러 지역에 전도함으로 복음의 역사가 총체적으로 전파되어야 한다는 하나님 나라의 비전을 밝히신 것입니다. 이런 그날의 새로운 비전과 계획이 우리는 그날 새벽 예수님과 하나님과의 기도의 대화에서 결정되었음을 추리할 수가 있습니다. 기도가 그날의 하나님의 뜻, 행동의 방향, 그날의 계획을 알게 하신 계기였다고 할 수 있습니다. 이것은 얼마나 바람직한 기도의 영향력인지요?

일찍 고든 맥도날드(Gordon Mcdonald)는 그가 쓴 명저 「내면세계의 질서와 영적 성장」(Ordering your private world)이라는 책에서 현대를 살아가는 모든 사람들의 삶의 형태를 두 가지 유형으로 나눴습니다. 한 유형을 가리켜 그는 '충동에 이끌리는 삶' (driven life)이라고 했고, 또 다른 유형은 '소명에 이끌리는 삶' (called life)이라고 했습니다. 사실 오늘날 얼마나 많은 사람들이 하루하루를 그저 충동적으로 본능적으로 그리고 감정에 따라 살아가고 있는지요? 그러다가 일을 그르치고 상처 받고 상처 주며 인생을 상처뿐인 전쟁터로 만들어 버립니다. 그러나 소명에 이끌리는 삶은 다른 차원의 삶입니다. 그는 무엇을 먼저 해야 할 것인가를 알고 있습니다. 그의 인생에서 하나님의 뜻, 하나님의 비전과 하나님 나라의 핵심 가치보다 더 중요한 것은 없습니다. 그는 여론을 경청하지만 여론에 의해 흔들리지는 않습니다. 사람들의 생각보다는 하나님의 뜻이 더 중요한 것을 알기 때문입니다. 그래서 기도하고 하나님의 비전을 확인한 후 자기가 마땅히 가야 할 길을 묵묵히 걷는 것입니다. 이런 삶이 사모되지 않습니까? 이런 삶을 갈망하지 않으십니까? 참으로 기도하시면 그렇게 사실 수가 있습니다. 이것이 기도의 갈망을 현실화한 당당한 성도의 삶의 모습입니다. 그렇다면 우리가 기도를 위해 투자하는 것은 결코 낭비일 수가 없습니다.

그래서 개혁자 마틴 루터(Martin Luther)는 이런 고백을 남겼습니다. "나는 요즈음 더 바빠진다. 그래서 나는 더욱더 많은 시간을 기도할 필요를 느낀다." 그는 실제로 하루 24시간 중 기도를 위해 시간의 십일조를 드려 하루 2시간 이상을 기도로 보냈다고 합니다. 이것은 바쁘기 때문에 기도할 시간을 낼 수가 없다고 핑계하는 우리의 모습과 다른 모습입니다. 그래서 우리의 신앙 선배들은 이런 기도의 격언을 만들어 피차에 기도의 삶을 격려해 왔습니다. "당신이 기도할 수 없을 정도로 바쁘시다면 당신은 정말 너무 바쁘십니다"(If you are too busy to pray, you're too busy). 사랑하는 여러분, 하나님의 아들이신 예수님에게도 기도의 필요가 있었는데, 연약한 인생으로 살아가는 우리는 얼마나 더 기도의 시간이 필요할까요? 기도의 목마름이 있으십니까? 그러면 이제 바쁘다는 핑계를 포기하십시오. 그리고 기도를 계획하십시오. 내일 새벽 미명, 당신의 기도로 하늘의 문을 여십시오. 그러면 내일부터 당장 이 땅에서는 새 역사가 시작될 것입니다.

 방 | 향 | 질 | 문

1. 당신의 기도 생활을 성경적으로 평가해 보십시오.
2. 당신의 기도 생활에 있어야 할 변화가 무엇인지 기록해 보십시오.

"예레미야가 아직 시위대 뜰에 갇혀 있을 때에 여호와의 말씀이 그에게 두 번째로 임하니라 이르시되 일을 행하시는 여호와, 그것을 만들며 성취하시는 여호와, 그의 이름을 여호와라 하는 이가 이와 같이 이르시도다 너는 내게 부르짖으라 내가 네게 응답하겠고 네가 알지 못하는 크고 은밀한 일을 네게 보이리라"(렘 33:1-3).

chapter 10

영원한 소통

우리가 자주 사용하는 사자성어 가운데 '사면초가'(四面楚歌)라는 말이 있습니다. 중국 초나라 항우와 한나라 유방이 천하를 다투던 때에 항우가 한나라 군대에 포위를 당하게 되었습니다. 빠져나갈 길도 보이지 않고 병졸은 줄어들고 군량미도 떨어지고 있던 어느 날 밤, 사방에서 초나라 군사들의 노래 소리가 들려왔습니다. 가뜩이나 고달픈 초나라 군사들로 하여금 고향을 그리워하게 하는 구슬픈 노래였습니다. 그러나 사실 이것은 적진에서 심리전의 일환으로, 항복한 초나라 병사들로 하여금 고향 노래를 부르게 한 것이었습니다. 이에 깜짝 놀란 항우가 한나라가 이미 초나라 군사들 대부분을 장악한 것으로 판단하여 마지막 주연을 베풀고 나서 자결함으로 자신의 운명을 마무리하고 말았다는 고사에서 유래한 말입니다. 우리가 실제로 인생을 살다보면 그런 사면초가의 상황을 직면하는 일이 적지 않습니다.

요즈음 우리네가 처한 삶의 모습이 바로 이런 사면초가의 상황이 아닙니까? 세계적인 금융 위기의 끝은 보이지 않고 남북 긴장의 상황, 내수 침체와 물가고, 실업률의 증가와 취업난, 자살률의 증가 등 우리를 둘러싼 모든 정황은 정말이지 나갈 길이 보이지 않는 사면초가의 상황이 아닌지요. 주전 588-7년경 유대 나라의 예레미야 선지자가 살던 시대가 또한 그랬습니다. 당시 그의 조국 유다의 운명은 결정적으로 기울어 가고 있었고, 수도 예루살렘은 바벨론 군대에 포위되었으며, 설상가상으로 선지자 자신은 조국의 운명을 예언하다가 왕실 감옥에 갇힌 바 된 것입니다.

"그때에 바벨론 군대는 예루살렘을 에워싸고 선지자 예레미야는 유다의 왕의 궁중에 있는 시위대 뜰에 갇혔으니"(렘 32:2).

그는 심한 무력감을 느끼고 이제는 아무것도 할 수 없는 절망감에

사로잡혀 있었습니다. 그러나 바로 그때 그에게 여호와의 말씀이 임했습니다. 그것도 한 번이 아니라 두 번째로 임한 것입니다(렘 33:1). 확실한 희망, 확실한 깨우침을 위해서 말입니다. 그리고 이 말씀으로 사면초가의 상황에서 그가 할 일과 그가 할 일을 다 했을 때 기대할 일이 무엇인가를 말씀해 주신 것입니다.

자, 그러면 오늘 같은 사면초가의 상황에서 선지자에게서 배워야 할 우리가 할 일과 우리가 기대할 일은 무엇이겠습니까?

우리가 할 일

본문에 의하면 우리가 할 일은 기도하는 일입니다. 그러나 이 기도는 일상의 기도가 아닌 아주 특별한 기도 곧 부르짖는 기도입니다. 평범한 일상에서는 일상의 기도가 필요하지만 비상한 상황은 비상한 기도를 필요로 합니다. 그래서 주님은 선지자에게 본문 3절에서 "너는 내게 부르짖으라"고 말씀하십니다. 사실 기도는 하나님의 자녀들 그리고 예수님의 제자들에게 허락된 가장 특별한 특권이라고 할 수 있습니다. 예수님께서는 자기를 따르는 제자들에게 "너희는 이렇게 기도하라 하늘에 계신 아버지여…"라고 기도하는 법을 가르치십니다. 기도는 하늘에 계신 아버지를 바라보는 사건입니다. 우리가 아무리 사면초가의 상황을 만나도 아직도 열려 있는 하늘을 향해 "아버지!" 하고 부르짖는 순간 기적은 시작되는 것입니다. 그런 의미에서 기도는 영원한 자와의 소통이며 지금부터 영원까지 그분과의 대화 속에서 인생을 살게 하는 성도의 영원한 특권입니다. 그렇습니다. 우리가 하나님의 자녀가 되고 예수님의 제자가 되는 순간 하늘을 향해 비상하는 기도의 날개를 선물로 받습니다. 그런데 문제는 우리가 과연 이런 특권을 행사하며 하늘을 향해 나래를 펼치며 살고 있느냐는 것입니다.

정말 이상한 일은 우리는 소소한 일상에서 어느 정도 기도를 실천하면서도 정작 어려운 사면초가의 상황에서는 기도하지 않는다는 것입니다. 이것은 제가 좋아하는 비서새(secretary bird)의 이야기를 생각나게 합니다. 아프리카에서 많이 서식하는 이 새는 상당히 높이 자유롭게 하늘을 나는 날개를 갖고 있습니다. 그런데 이상하게 위험이나 어려움에 직면하면 날개를 펼치지 못하고 땅을 기다가 붙잡히는 그런 새입니다. 저는 작년 하와이 와이키키 해변의 동물원에서 이 새를 실제로 목격할 기회가 있었습니다. 약 10분 이상 이 새를 관찰하며 이제나 저제나 나를까? 고대했지만 날개를 펴지 않았습니다. 그런데 우리가 막 발걸음을 돌이키자 비로소 날개를 펴고 나는 것이었습니다. 날아야 할 때 날지 못하는 비서새―그것이 바로 오늘을 사는 우리의 모습이 아닌지 모르겠습니다. 우리에게 현실을 넘어서 살라고 기도의 날개를 주셨는데 당신은 언제 기도의 날개를 펴 보셨습니까? 왜 기도하지 않으시나요? 지금이야말로 기도할 때가 아니신가요? 그냥 기도할 때가 아니라 부르짖어 기도할 때가 아닙니까?

여기서 '부르짖으라'는 말은 히브리어로 '케라'(kera)라는 단어입니다. 특별하고 간절하게 마음을 쏟는 기도를 말합니다. 그래서 영역 성서는 보통은 'Call unto me'(나를 불러라)로 번역하지만, 어떤 영어 번역은 우리말 번역처럼 'Cry out to me'(내게 울며 부르짖어라)로 옮기고 있습니다. 지금이 바로 그렇게 울부짖어 기도할 때가 아닌가요? 우리 가정, 우리 조국, 우리 자녀, 우리 시대를 위해서 말입니다.

우리가 기대할 일

우리가 마땅히 기도할 바를 기도했다면 이제 기대할 일은 무엇이겠습니까? 본문은 두 가지 기대를 약속합니다. 그 하나는 응답을 기대하라는 것입니다. "내가 네게 응답하겠고." 응답을 기대해도 좋은 이유가 무엇일까요? 우리가 기도하는 대상 우리의 기도를 듣고 계신 이가 무에서 유를 창조하는 여호와이시기 때문입니다. 2절에 의하면 그는 일을 행하시는 여호와, 그것을 만들며 성취하는 여호와이십니다. 여기서 사용된 '행하심', '만드심', '성취하심'은 모두 창조 사역과 관련하여 사용된 단어들입니다. 그분은 창조주로서 또한 약속한 바를 반드시 만들어 성취하시는 신실하신 여호와이십니다. 본문 2절에 그가 이런 신실하신 인격적인 여호와이심을 '여호와'라는 이름을 세 번이나 사용하시며 강조하고 있습니다. 우리가 그분의 응답을 확실히 믿어도 좋다는 의미입니다. 그런데 문제는 우리가 정말 응답을 기대하면서 기도하느냐는 것입니다. 종교 생활에 익숙해지면 우리는 그냥 기도할 뿐이지 기도의 응답을 기대하지 않을 수도 있기 때문입니다.

그래서 생겨난 크리스천 유머 중에 이런 이야기가 있습니다. 평화로운 시골 마을에 술집이 생겨났습니다. 그러자 인근 교회에서는 이 술집이 없어지도록 철야 기도회를 드리기 시작했습니다. 그런데 얼마 지나지 않아 그 술집에 손님이 줄어들더니 마침내 문을 닫을 지경에 이르게 되었습니다. 이때 마침 술집 주인은 인근 교회에서 자기 술집이 문을 닫도록 기도하고 있다는 이야기를 듣게 되었습니다. 화가 난 술집 주인은 교회를 상대로 법정에 고소했다고 합니다. 교회의 기도 때문에 장사가 안 되고 문을 닫게 되었다는 이유 때문이었습니다. 법정의 심리가 시작되자 재판관은 목사님에게 정말 술집 문이 닫히도록 기도한 일이 있느냐고 물었습니다. 그러자 목사님의 대답이 이랬다고 합니다. "물론 기도한 것은 사실입니다. 그러나 재판장님, 생각해 보십시오. 어떻게 기도했다고 술집이 문을 닫는 일이 가능하겠습니까?" 판결이 어떻게 났을까요? "술집 주인은 기도를 믿었지만 교회 목사는 기도 응답을 믿지 않음." 이것이 이 재판의 마지막 판결이었다고 합니다. 혹시 우리도 이 목사님처럼 기도는 하면서도 응답을 믿지 않는 것은 아닐까요?

그러나 본문은 한 걸음 더 나아가 단순한 응답이 아닌 크고 은밀(비밀)한 일의 응답을 약속합니다. 그 크고 은밀한 약속은 이스라엘의 용서와 회복입니다. 지금의 상황은 물론 하나님의 백성들의 죄와 무관하지 않지만 그러나 그것이 마지막이 아니라는 말씀입니다. 그들이 참으로 기도하고 주께 나아온다면 지금의 그들로서는 상상할 수 없는 일이 일어나리라는 것입니다. 그 구체적인 위대하고 비밀한 응답의 내용은 예레미야 33장 6-8절에서 전달되고 있습니다.

"그러나 보라 내가 이 성읍을 치료하며 고쳐 낫게 하고 평안과 진실이 풍성함을 그들에게 나타낼 것이며 내가 유다의 포로와 이스라엘의 포로를 돌아오게 하여 그들을 처음과 같이 세울 것이며 내가 그들을 내게 범한 그 모든 죄악에서 정하게 하며 그들이 내게 범하며 행한 모든 죄악을 사할 것이라."

주께서는 당신의 백성들을 기꺼이 용서하시고 그들에게 새로운 번영의 기회를 제공하시겠다는 것입니다. 그런데 이것이 왜 은밀한 약속 혹은 비밀한 약속이어야 할까요? 지금의 현실에서는 납득하기 어려울 것이기 때문입니다. 그러나 그들이 기도하기 때문에 알려 주시겠다는 것입니다. 우리는 누구에게 우리의 비밀을 털어 놓습니까? 마음으로 소통하는 사람들에게 아닙니까? 그렇습니다. 기도는 마음의 소통입니다. 기도를 통해 우리는 하나님과의 깊고 솔직한 우정 속에 들어갑니다. 기도는 하나님과의 영원한 소통의 특권인 것입니다. 그리고 이런 사람들은 하나님으로부터 알려진 비밀을 간직하고 당당하게 살아갑니다. 당장은 고통과 아픔이어도 참고 기도하며 버티며 살아갑니다. 그러나 그들의 내일은 이런 비밀의 실현을 기다리는 설레임의 인생이요, 기다림의 인생인 것입니다.

여러 해 전 미국 직장에서 갑자기 퇴출을 당하고 자포자기하여 가출한 사람이 있었습니다. 그는 얼마만의 방황 끝에 집에 돌아와 이렇게 말했다고 합니다. "여보 나는 죽고 싶소. 모든 노력을 다 해 보았지만 아무 것도 되는 일이 없소." 그 말에 아내는 남편에게 이렇게 말했다고 합니다. "여보 당신은 아직 한 가지 시도를 해보지 않았어요. 당신은 당신이 처한 이 상황과 문제에 대하여 진지하게 기도해 본 적이 없잖아요." 아내의 이 말은 그에게 커다란 찔림이 되어 다가왔다고 합니다. "그래 맞아, 나는 이 일에 대하여 기도해 본 적이 없지." 그는 아내와 함께 기도하기 시작했습니다. 기도하는 동안 직장과 상사를 향한 미움과 복수의 감정이 모두 사라지고 새로운 아이디어가 떠오르기 시작했습니다. 그는 자신의 집을 담보로 건축업을 시작했고, 5년 만에 자신의 기업을 갖게 되었습니다. 그리고 그는 건축을 위해 여기저기 여행을 하는 동안 미국의 호텔이 너무 비싸든가 너무 싸구려라는 사실을 발견하면서 새로운 기도제목을 갖게 됩니다. 가족들이 함께 머물 수 있는 비싸지도 싸지도 않는, 그러면서도 분위기가 있고 수영장이 있는 격조 높은 서비스를 하는 중간 가격의 호텔을 건축하는 꿈을 꾸기 시작한 것입니다. 그리고 이 호텔에서 사람들이 집을 떠나서도 집을 느낄 수 있고 건강한 가족적 분위기를 고려하여 술은 팔지 않는 것이 좋겠다고 생각합니다. 하나님이 그의 기도에 응답하셔서 마침내 이런 호텔이 세워졌습니다. 바로 세계적인 호텔 체인인 홀리데이 인(Holiday Inn)이 그곳입니다. 이 이야기는 이 호텔의 창업자 케몬스 윌슨(Kemmons Wilson)의 스토리입니다.

사랑하는 성도 여러분, 지금이야말로 케몬스 윌슨처럼 기도할 때가 아닙니까? 모든 노력을 다 해 보셨다구요? 정말 기도해 보셨습니까? 아니 부르짖어 기도해 보셨습니까? 가족들과 함께 기도해 보셨습니까? 기도로 고난을 극복하는 유산을 자녀들에게 물려 주지 않으시겠습니까? 삼대가 함께 새벽을 열고 주께 나아와 기도해 보지 않으시겠습니까? 우리의 영적 가족들인 교회 식구들과 함께 나아와 기도해 보지 않으시겠습니까? 함께 부르짖어 우리의 이웃들을 위해 중보해 보지 않으시겠습니까?

1929년 역시 증시 폭락으로 미국에서의 경제 대공황이 시작되었습니다. 그러나 1933년 대통령으로 취임한 루즈벨트(Franklin Delano Roosevelt) 대통령은 "우리는 두려움 외에는 두려워할 것이 아무것도 없습니다. 우리는 겸허하게 신의 도움을 구하며 함께 새 길을 걸을 것입니다"라는 선언을 발표했습니다. 이렇게 함께 대공황을 극복하기 위한 믿음의 행진을 시작한 것입니다. 이 경제 공황의 끝에는 세계 제2차

대전이 기다리고 있었고 마침내 세계 대전을 종식하고 그는 대통령직을 물러나며 이렇게 선언할 수 있었습니다. "우리는 함께 기도했습니다. 우리는 함께 어두움의 터널을 빠져 나왔습니다. 이제는 기도의 결과로 회복과 번영을 누릴 것입니다." 저는 우리 모두 이와 같은 고백을 할 수 있기를 기대합니다. "우리는 함께 기도했습니다. 이제는 기도의 결과로 회복과 번영의 내일을 바라보게 될 것입니다"라고 말입니다. 이 영원한 소통을 평생에 누리시는 행복한 당신이 되어 보십시오.

 방 | 향 | 질 | 문

1. 당신이 오늘 부르짖어 기도할 제목들은 무엇입니까?
2. 당신이 그렇게 기도할 때 기대할 수 있는 일은 무엇입니까?

"남편들아 아내 사랑하기를 그리스도께서 교회를 사랑하시고 그 교회를 위하여 자신을 주심 같이 하라 이는 곧 물로 씻어 말씀으로 깨끗하게 하사 거룩하게 하시고 자기 앞에 영광스러운 교회로 세우사 티나 주름 잡힌 것이나 이런 것들이 없이 거룩하고 흠이 없게 하려 하심이라 이와 같이 남편들도 자기 아내 사랑하기를 자기 자신과 같이 할지니 자기 아내를 사랑하는 자는 자기를 사랑하는 것이라 누구든지 언제나 자기 육체를 미워하지 않고 오직 양육하여 보호하기를 그리스도께서 교회에게 함과 같이 하나니 우리는 그 몸의 지체임이라 그러므로 사람이 부모를 떠나 그의 아내와 합하여 그 둘이 한 육체가 될지니 이 비밀이 크도다 나는 그리스도와 교회에 대하여 말하노라"(엡 5:25-32).

chapter 11

영원한 공동체

제가 좋아하는 교회 이야기를 하겠습니다. 유명한 스펄전 목사님에게 한 청년이 찾아와서 자신이 출석하고 있는 교회에 대한 고민을 말하면서 '완전한 교회'를 하나 추천해 달라고 했다고 합니다. 스펄전 목사님은 웃으시면서 그런 교회를 찾거든 자신에게도 꼭 알려 달라고 말하면서 이런 이야기를 덧붙이셨다고 합니다. "그런데 형제여, 그런 교회를 찾거든 당신은 제발 그 교회의 멤버가 되지 마시길 부탁하오." 이 말을 들은 청년이 의아해서 "왜요?"라고 반문을 하자 스펄전 목사님은 이렇게 대답했다고 합니다. "왜냐하면 당신이 그 교회에 참여하면 그 순간부터 그 교회의 완전함이 깨어질 터이니 말입니다." 그렇습니다. 완전한 교회란 존재할 수 없습니다. 결국 교회도 불완전한 인생들이 모여 형성하는 공동체이기 때문입니다. 그럼에도 불구하고 건강한 교회는 우리의 포기할 수 없는 갈망입니다. 왜냐하면 건강한 교회만이 세상의 빛이고 세상의 소금이고 세상의 희망일 수 있기 때문입니다.

바울 사도는 에베소 교회를 향하여 써 내려간 그의 서신서를 통해 그런 교회는 바로 하나님의 은혜의 경륜이며 그리스도의 비밀이라고 말하고 있습니다. 그리고 이런 교회를 사랑하고 섬기는 일이야말로 성도들이 해야 할 가장 거룩한 의무라고 가르칩니다. 신랑이 신부를 사랑하듯 성도는 교회를 사랑하고 아낄 줄 알아야 한다는 것입니다. 일찍이 성 어거스틴(St. Augustine)은 "교회를 어머니처럼 섬길 수 없는 사람은 하나님을 아버지로 부를 자격이 없다"고 했습니다. 우리들의 어머니가 불완전해도 우리 모두는 어머니 사랑이나 어머니 섬김을 포기할 수 없습니다. 우리 모두는 어머니를 통해 우리는 세상에 태어났고 어머니를 통해서 처음 진정한 사랑을 배웠습니다. 어머니는 우리의 생명의 젖줄이요 뿌리요 우리 삶의 터전입니다. 그렇습니다. 어머니와 가정이라는 공동체 없이 인생의 여행이 불가능하듯, 교회라는 공동체 없이 우리들의 영원을 향한 신앙의 내비게이션은 불가능한 것입니다. 어머니가 우리의 삶의 비밀이요 사랑이듯, 교회는 우리의 신앙의 비밀이요 사랑인 것입니다. 오늘 우리는 에베소서 본문을 통해 주님의 비밀, 우리의 사랑인 교회가 도대체 어떤 공동체인가를 알아보고자 합니다.

그리스도의 희생적 사랑 위에 세워진 공동체

오늘 에베소서 본문에서 바울 사도는 가정에서의 부부 관계의 도리를 가르치며 그것을 주님과 교회의 관계에 비유하고 있습니다. 우리가 생애를 살아가는 동안 성경은 영원성을 지닌 두 개의 공동체로 가정과 교회를 소개합니다. 세상에 직장이나 학교, 회사 등의 모든 인위적인 공동체는 잠시 있다가 없어지지만, 주님 오실 때까지 없어질 수 없는 '신적인 공동체' (Divine Institution)가 둘 있는데 그것이 바로 가정과 교회입니다. 하나님의 창조 사역의 절정에서 탄생한 공동체가 가정이었다면, 하나님의 구원 사역의 절정에서 탄생한 공동체가 바로 교회인 것입니다. 바울 사도는 가정에서의 삶의 원리는 그대로 교회에서 적용되어야 할 관계의 원리로 본 것입니다. 그런데 이 가정과 교회 탄생의 한 공통분모가 있는데 그것이 바로 희생적인 사랑입니다.

생각해 보십시오. 한 남녀의 사랑에 이어서 자녀를 낳는 어머니의 피 흘리는 희생적 사랑으로 가정이 형성되는 것처럼, 예수님의 자신을 내어 주시는 피 흘리는 희생적 사랑으로 교회가 만들어진 것입니다. 오늘 본문 25절의 말씀이 그것입니다. "남편들아 아내 사랑하기를 그리스도께서 교회를 사랑하시고 그 교회를 위하여 자신을 주심같이 하라." 여기서 자신을 내어 주셨다는 말은 십자가에서 우리를 구원하시고자 자신의 몸을 내어 주시고 피를 흘려 주신 그 희생의 사건을 뜻합니다. 사도행전 20장 28절을 기억하십니까? "여러분은 자기를 위하여 또는 온 양 떼를 위하여 삼가라 성령이 그들 가운데 여러분을 감독자로 삼고 하나님이 자기 피로 사신 교회를 보살피게 하셨느니라." 여기서 사도행전의 기자는 교회를 무엇이라고 서술했습니까? "하나님이 자기 피로 사신 교회"라고 했습니다. 어찌 그분이 그런 교회를 사랑하시지 않고 아끼시지 않으시겠습니까?

하나님은 교회가 부패하면 교회를 개혁도 하시고, A라는 교단 혹은 지역 교회가 사명을 다하지 못하면 B라는 다른 교단이나 지역교회를 세워 일하시지만 그는 어떤 경우에도 교회를 버리시지는 않습니다. 교회는 그분의 영원한 사랑이십니다. 왜냐하면 교회를 위해 그분은 자신의 존재 전체를 버리셨기 때문입니다. 그런 의미에서 무교회주의는 바른 신앙의 길이 아닙니다. 저는 무교회주의자들을 이해할 수는 있습니다. 교회에서 상처가 생기면 교회 없이 예수님을 믿고 싶은 생각을 가질 수도 있습니다. 그러나 그것은 결코 성경적 사고가 아닙니다. 가정에서 상처를 받는다고 해서 우리가 가정을 포기할 수 있겠습니까. 진정한 가정은 상처를 넘어서서 사랑을 배운 사람들에 의해서 세워지는 것입니다. 교회도 마찬가지입니다. 교회가 무엇이냐구요? 주님의 희생적 사랑 위에 세워져 그 사랑을 배워 가는 사람들의 공동체인 것입니다.

그리스도의 말씀으로 성화를 이루는 공동체

본문 26절의 말씀이 그것을 가르칩니다. "이는 곧 물로 씻어 말씀으로 깨끗하게 하사 거룩하게 하시고." 우리가 물로 더러움을 씻어 내듯이 바울 사도는 주께서 당신의 말씀으로 교회를 이루는 구성원들의 더러움을 깨끗하게 하시겠다고 선언하십니다. 그러므로 우리 교회가 얼마나 건강한 교회가 되느냐는 결국 우리 교회를 구성하고 있는 구성원들이 얼마나 진지하게 말씀을 자신들의 삶에 적용하여 거룩함을 이루어 가느냐에 달려 있는 것입니다. 우리 교회가 말씀 공부나 말씀 나눔을 그 무엇보다 중요하게 강조하는 이유가 바로 여기에 있습니다. 그러나 말씀 공부도 그것이 우리의 두뇌를 자극하여 정보를 축적하는 데만 그치면 안 됩니다. 삶의 적용이 없는 지식은 우리를 교만하게 할 뿐입니다. 그래서 성경은 주께서 우리가 끊임없이 말씀의 거울 앞에 서로를 비추어 보고 서로를 권면하기 위한 공동체를 주셨다고 가르칩니다. 그것이 바로 교회인 것입니다. 그래서 성경은 우리가 모일 때마다 "서로 돌아보아 사랑과 선행을 격려하라"(히 10:24)고 가르칩니다.

이것이 우리 교회가 셀 교회(목장 교회)를 강조하는 이유이기도 합니다. 거기서 우리는 진정한 공동체를 경험하고 서로를 세워 갈 수 있기 때문입니다. 거기서 비로소 우리는 우리가 기다리는 변화를 경험하게 됩니다. 한 사람이 넘어지면 다른 사람이 붙들어 주고, 한 사람이 병들면 다른 사람이 치유의 손길이 되어 주는 것 말입니다. 전도서 4장 10절의 말씀이 그런 말씀이 아닙니까? "혹시 그들이 넘어지면 하나가 그 동무를 붙들어 일으키려니와 홀로 있어 넘어지고 붙들어 일으킬 자가 없는 자에게는 화가 있으리라." 무교회 주의자의 비극이 무엇입니까? 이런 붙들어 줌의 경험을 할 수 없다는 것입니다. 그래서 무교회주의자들도 결국 자기들끼리 모임을 만들고, 주일 모임을 갖기도 합니다. 그것이 어떻게 무교회이겠습니까? 이미 그들도 무교회주의라는 하나의 교파, 하나의 교회가 된 것입니다. 그런데 오늘날 교회 내에는 교회에 출석하면서도 사실상 주일 예배 외에 모든 관계를 거부하는 무교회주의적 발상을 가진 성도들이 늘어나고 있습니다. 소위 교회 등록도 제대로 하지 않고, 설혹 등록을 하더라도 소그룹 모임(셀 모임)을 기피하는 교우들이 늘고 있습니다. 이런 분들에게 어떻게 서로를 돌아봄과 격려함을 통한 성화를 기대하겠습니까?

인간적인 연약함을 영광으로 바꾸는 공동체

본문 27절을 보면, "자기 앞에 영광스러운 교회로 세우사 티나 주름 잡힌 것이나 이런 것들이 없이 거룩하고 흠이 없게 하려 하심이라"는 말씀이 있습니다. 여기서 우리는 교회에 대한 주님의 궁극적인 기대를 알게 됩니다. "자기 앞에 영광스러운 교회"로 세워지는 것입니다. 그 어느 날 우리 모두는 주님 앞에 그분의 신부로 서게 될 것입니다. 그때 우리의 신랑이신 주님은 눈부신 영광스런 신부인 교회의 모습을 보고 싶어 하십니다. 이미 우리는 우리가 예수님을 믿고 그의 거룩함을 이루어 가는 과정이 곧 신앙 생활이고 교회 생활인 것을 말씀드렸습니다. 이것을 흔히 기독교 교리에서는 '성화'라고 부릅니다. 그런데 이 성화가 완성되는 순간을 가리켜 기독교 교리에서는 '영화'라고 부릅니다. 우리가 거룩하신 주님을 닮아 가는 과정을 살다가 마침내 주님 앞에 서는 날, 주님께서 다시 그분의 은혜로 우리의 부족함을 메워 주시고 우리를 온전하게 하셔서 그분 앞에 영광된 존재로 세워 주시는 것, 이것이 바로 영화의 체험입니다. 그날 우리는 비로소 이 세상에 살며 간직하던 모든 연약함의 티나 주름을 없이 하고 비로소 온전함을 이룬 존재로 주님 앞에 서게 될 것입니다. 그날이 바로 영화의 날인 것입니다. 지난 9월 저는 노스캐롤라이나에서 집회를 인도한 후 빌리 그레이엄 라이브러리를 방문한 일이 있었습니다. 이 기념관 입구 우편에는 작년 6월에 세상을 떠나간 대 전도자의 부인 루스 그레이엄(Ruth Graham) 여사의 소박한 묘가 자리 잡고 있었습니다. 저는 그 묘 앞에서 형언할 수 없는 감동을 느꼈습니다. 그 묘비에는 자신이 죽기 전 선택했다는 비문이 새겨져 있었는데, 이렇게 영어로 적혀 있었습니다. "The End of Construction. Thank You for Your Patience"(공사 끝-그동안의 인내에 감사드립니다). 흔히 우리는 길을 가다가 공사 중인 곳에서 이런 안내문을 보게 됩니다. "공사 중-통행에 불편을 드려 죄송합니다." 그런데 생전에 루스 여사가 드라이브 하다가 '공사 끝'이란 안내판을 보더니 너무 기뻐하며 저 글을 내 비문으로 해야겠다는 말을 하셨다는 겁니다. 사실 공사 중인 우리는 성도라 할지라도 우리의 부족함으로 끊임없이 상처를 주고받으며 통행에 불편을 끼치고 있는 것이 아닙니까? 그런데 어느 날 우리의 인생의 여행을 마치고 우리의 구주요 주인이신 주님 앞에 서는 날, 우리는 루스 그레이엄 여사처럼 이렇게 고백하게 될 것입니다. "공사끝-그동안 인내해 주셔서 감사드립니다." 그러나 그 고백이 이루어질 영화의 날을 바라보며 우리는 인내함으로 남은 여정의 걸음을 계속해야 합니다. 때로 공사 중인 인생이어서 피차에 불편함이 있더라도 참고 견디며 우리의 연약함을 영광으로 바꾸어 가는 공동체, 그것이 교회임을 잊지 마십시오. 이런 몇 가지 교회됨의 진리를 확인하며 평생을 계속할 교회 공동체 생활의 지침을 안내하고자 합니다.

❶ 예수님을 구주로 믿고 믿음을 갖게 되신 분들은 침례(세례)로 신앙을 고백하십시오.

❷ 교회에 출석은 하지만 아직 등록을 안 하고 계신 분이 있다면 꼭 등록을 하셔서 한 가족으로서의 교회 생활을 시작해 주십시오. 사랑하는 남녀가 호적을 갖지 않고도 결혼 생활은 가능할지 모릅니다. 그러나 그것은 정상이 아닙니다. 법적인 가족의 울타리 안에서 사람들은 심리적 안정을 갖고 건강한 관계를 통한 행복을 누릴 수가 있습니다. 교회 등록은 그래서 중요한 것입니다.

❸ 본문 30절에 보면 "우리는 그 몸의 지체임이라"고 했습니다. 지체는 서로 연결된 삶을 살아야 합니다. 목장 교회(소그룹)에 참여하여 지체로서의 교통을 시작해 주십시오. 몸의 지체들은 상호간의 책임 있는 연결과 소통을 통해 건강한 몸을 세워 가는 것입니다. 이제 솔로 신앙 생활이 아닌 공동체의 삶을 시작하십시오.

❹ 교회 생활을 하다보면 교회를 옮길 수도 있습니다. 교회를 옮기는 것이 죄는 아니지만 결코 바람직한 것은 아닙니다. 그러나 이사와 같은 정당한 이유가 있을 때에는 되도록 이적 증명서를 갖고 이적하도록 하십시오. 그것이 하나님 나라의 질서를 세우는 일입니다.

❺ 한국 교회에서는 직분을 받을 때 항존직, 혹은 영구 제직을 수여 받습니다. 이런 분들은 먼 지역으로 이사를 가지 않는 이상 교회를 옮기는 것을 삼가는 것이 하나님 앞에 언약을 이행하는 정당한 일입니다. 우리 교회에서는 평신도 선교사의 삶을 강조해 왔습니다. 따라서 사역의 경험이나 우리보다 더 연약한 공동체를 돕기 위해 가실

경우, 이적이 아니라 일정한 기간 동안의 봉사를 목표로 가서 사역을 하신 후 돌아오시는 것이 덕을 세우시는 일입니다. 그리고 우리보다 더 연약한 공동체들을 돌아보시는 것은 아름다운 일입니다. 그것을 우리는 지속적으로 격려하고자 합니다.

방 | 향 | 질 | 문

1. 당신의 교회 생활의 성실성에 대해 어떻게 평가하십니까?
2. 당신의 교회 생활에 있어야 할 변화는 무엇입니까?

PART 3

Responsibility

지상에서의 책임

순례자의 교회 봉사 | 순례자의 부부 생활 | 순례자의 자녀 양육 | 순례자의 직장 생활 |
영원한 예배 | 영원한 스타

"우리 각 사람에게 그리스도의 선물의 분량대로 은혜를 주셨나니 그러므로 이르기를 그가 위로 올라가실 때에 사로잡혔던 자들을 사로잡으시고 사람들에게 선물을 주셨다 하였도다 올라가셨다 하였은즉 땅 아래 낮은 곳으로 내리셨던 것이 아니면 무엇이냐 내리셨던 그가 곧 모든 하늘 위에 오르신 자니 이는 만물을 충만하게 하려 하심이라 그가 어떤 사람은 사도로, 어떤 사람은 선지자로, 어떤 사람은 복음 전하는 자로, 어떤 사람은 목사와 교사로 삼으셨으니 이는 성도를 온전하게 하여 봉사의 일을 하게 하며 그리스도의 몸을 세우려 하심이라"(엡 4:7-12).

chapter 12

순례자의 교회 봉사

어느 목사님이 자기 교회에 출석하다가 출석을 중단하고 있는 교우에게 권면의 편지를 보냈는데 그에 대한 답장을 받았다고 합니다. 그 답신은 사실상 또 하나의 질문이었는데 이런 내용이었다고 합니다. "목사님, 진정한 신앙 생활을 위해 꼭 예배에 출석해야 하고 교회 봉사를 해야 할까요? 저는 요즘 저 혼자만의 하나님과의 관계 유지를 통해 믿음의 삶이 가능한가를 실험하고 있는 중입니다. 정말 교회 없는 신앙 생활이 불가능할까요?" 목사님이 다시 답장을 썼습니다. "불가능한 것은 아닙니다. 그러나 이런 경우를 상상해 보십시오. 군대에서 훈련이나 소집에 불응한 군인이 정상일까요? 세금을 내지 않고 투표하지 않는 시민을 정상적이라고 할 수 있을까요? 베이스 캠프 없이 등정하는 등산가가 정상일까요? 병원이 없이 치료를 구하는 환자가 정상일까요? 학교나 스승이 없는 학생이 정상일까요? 벌집이 없이 날아다니는 벌이 정상일까요? 팀을 생각하지 않는 축구 선수가 정상일까요?" 어떻습니까? 오늘 우리의 교회 생활은 정상이신지요?

본래 아인슈타인은 교회에 대해 부정적인 견해를 갖고 있던 분이었다고 합니다. 그러나 조국 독일이 나치의 학정 아래 신음하고 있을 때 희망을 접지 않고 주일마다 교회에 모여 조국의 회복을 위해 기도하는 작은 교회 공동체의 진지함을 지켜본 어느 날 그는 회중 앞에서 눈물을 흘리며 "내가 교회를 오해했습니다"라고 고백했다고 합니다. 성경은 우리가 예수를 믿고 영접하는 순간 하나님의 자녀가 된다고 가르칩니다. 그 순간부터 우리는 하나님의 가족이라는 공동체의 일원이 되는 것입니다. 정상적인 자녀는 가정이라는 울타리 안에서 부모를 섬기고 형제자매와 교제하고 가정에서의 봉사의 경험을 통해 정상적인 인간으로 자라가는 것입니다. 신앙 생활도 마찬가지입니다. 우리는 영적인 집인 교회 안에서 하나님을 섬기며 형제자매와 교제하고 교회 봉사의 경험을 통해서 정상적인 신앙인으로 자라가는 것입니다.

그러나 교회에서 봉사를 하다 상처 받은 경험이 있었던 분들은 교회 자체를 거부하지는 않더라도 봉사를 기피하는 영적 알레르기성 질환 증세를 갖고 있는 분이 계십니다. 그렇다면 어떻게 상처를 넘어선 유쾌한 봉사가 가능할까요?

각자의 영적 은사를 따라 섬겨야 합니다

본문 에베소서는 바울 사도가 교회론을 전개하고 있는 서신서라고 할 수 있습니다. 1-3장까지는 하나님이 영원 전부터 계획하신 세상을 향한 비밀로서의 공동체를 교리적으로 설명합니다. 그러나 4-6장까지는 교회에 속한 지체된 성도들의 교회 생활을 실천적인 관점에서 설명하고 있습니다. 바로 이 4장의 첫머리에서 성도의 연합의 중요성을 강조하고 난 다음 무엇보다 중요하게 이야기한 것이 은사를 따라 섬기라는 말씀입니다. 7-10절의 내용은 그리스도가 우리를 위해 죽으시고 부활하시고 승천하시면서 그분은 이제 승리자로서(고대의 승리자들처럼) 자신의 백성들에게 그가 정하신 분량을 따라 우리 각자에게 선물 곧 은사를 주셨다는 것입니다. 11절은 이런 다양한 교회 내의 리더십의 은사적 직분들을 열거하고 있습니다. 네 가지 대표적인 것들로는 사도, 선지자, 복음 전도자 그리고 목사와 교사가 있다고 기록합니다. 지금은 고인이 된 레이 스테드만(Ray Stedman) 목사는 1972년에 출간한 기념비적 책인 「몸의 생활」(Body Life)에서 이 네 가지 은사적 직분들을 우리 몸의 네 가지 계통에 비유했습니다.

사도가 우리 몸의 골격 계통(몸을 만드는 뼈대, 사도는 교회 개척)이라면, 선지자는 몸의 신경 계통(머리에서 명을 받아 온몸에 전달, 선지자는 교회의 질서를 세움)이고, 전도자는 소화 계통(밖에서 음식을 취하여 몸의 한 부분이 되게 함, 전도자는 불신자를 구원하여 교회의 지체가 되게 함) 그리고 목사와 교사는 순환 계통(피가 온몸으로 영양을 전달, 목사와 교사는 말씀을 가르쳐 성도를 양육함)이라고 했습니다. 그런데 이 중 어느 것이 더 중요하겠습니까? 더 중요하거나 덜 중요한 계통이 있을 수 없습니다. 다 다른 역할을 감당할 따름입니다. 정말 중요한 것은 자신의 은사를 발견하는 것입니다. 가장 단순한 분별 방법은 내가 가장 좋아하고 내가 가장 잘할 수 있는 일을 찾으시면 됩니다. 두 가지가 다 만족되어야 하는데, 예를 들어 저는 음악은 좋아하지만 잘할 수는 없습니다. 그런 제가 찬양대에 들어가든지 지휘를 하겠다고 덤비면 어떻게 되겠습니까?

우리는 은사가 없는 사람들을 자기 사역의 파트너로 끌어들여서도 안 됩니다. 제가 처음 나가던 교회에서 부목사님의 강요로 성가대에 꼭 한 번 선 일이 있습니다. 제 목소리가 베이스로 천부적인 소질이 있다는 말로 저를 유혹하신 것입니다. 문제는 제가 테너와 베이스의 경계선에 서게 되었다는 것입니다. 오른쪽 사람을 따를지, 왼쪽 사람을 따를지 저는 그 환난의 시간을 결코 잊을 수가 없습니다. 자기를 가장 잘 아는 사람은 자신입니다. 스스로를 시험해 보시고 내가 교회 내의 어떤 사역에 참여했을 때 가장 보람을 느끼는지를 확인한 다음 진정한 영적 기쁨을 주는 곳에서 평생 헌신하시면 됩니다.

자신을 넘어 서로를 온전케 해야 합니다

은사 발견은 봉사의 출발점입니다. 이제 자기 은사에 합당한 사역을 발견했다면 그 일에 충성하십시오. 그런데 한 가지 사역을 할 때 아주 중요한 것이 있습니다. 그것은 사역을 결코 일 중심으로 해서는 안 된다는 것입니다. 영적 사역은 철저히 관계 중심이어야 합니다. 왜냐하면 모든 영적 사역은 결국 이웃을 섬기는 것이 본질이기 때문입니다. 사역의 가장 큰 함정은 자기만족의 수단화입니다. 물론 자기 은사에 맞는 일을 하면 거기에 만족이 있고 기쁨이 있습니다. 희랍어로 은사는 카리스마, 즉 'karisma' (영어로는 Charisma)인데 이 말의 어근 '카라'(kara)는 '기쁨' 혹은 '즐거움'이란 뜻입니다. 자기 은사 혹은 재능에 맞는 일을 하면 누구나 신바람이 나고 즐겁습니다. 그러나 우리의 봉사는 이런 자기만족에 목표가 있어서는 안 됩니다. 나의 섬김의 결과로서 이웃이 유익을 얻어야 합니다. 오늘 본문 12절의 표현을 빌리면 이웃을 온전케 하는 것이어야 한다는 것입니다.

동일한 은사를 가진 사람들이 동역하면서 내가 하는 일을 보고 나의 동역자가 자신의 은사적 가능성을 더 개발하게 되어 어느 날 그가 나

못지않게 혹은 나보다 그 일을 더 잘하게 되었다면 이것이야말로 사역의 성공이라 할 수 있을 것입니다. 그런 의미에서 우리는 사역의 현장에서 항상 동역자를 의식하고 그가 모자라는 측면을 어떻게 채워 줄 것인지 혹은 아직 개발되지 못한 그의 은사가 어떻게 꽃을 피우도록 도울 것인지를 염두에 두어야 합니다. 때로는 나의 동역자가 은사적으로는 나를 이미 추월하는 진보를 보이고 있을 수도 있습니다. 그러나 그의 사역 태도가 이웃에게 시험거리가 되고 있다면 이 부분을 어떻게 보완하도록 도울 수 있는지 고민해야 합니다. 누구도 완벽할 수 없기에 누구도 도움이 불필요한 사람은 없습니다. 우리가 지상에서 경험하는 하나님 나라에 타인의 도움이나 섬김을 필요로 하지 않을 만큼 완벽한 사람은 아무도 없기 때문입니다.

직분을 봉사의 영성으로 수행해야 합니다

본문 12절에서 가장 중요하게 강조된 단어는 '온전하게 한다'는 말입니다. 그것이 본문의 키워드입니다. 온전해지는 도움을 입고 있는 사람들이 해야 할 일이 봉사라는 것입니다. 영적 성숙의 은혜를 경험하지 못한 사람들이 먼저 봉사의 장에 뛰어들면 그는 자신도 힘들고 이웃에게도 짐이 될 경우가 비일비재합니다. 여기서 '온전해진다'는 말은 본래 '뼈를 맞춘다'는 뜻을 갖습니다. 탈골된 사람이 있다고 합시다. 그가 어떻게 몸을 제대로 움직여 봉사 활동을 할 수 있겠습니까?

먼저 뼈를 맞추고 치유되는 일이 선결 문제가 아니겠습니까? 그러나 어느 정도 회복의 징후가 보이면 그는 다시 활동을 재개하고 할 일을 해야 합니다. 교회 내에는 언제나 두 가지 바람직하지 못한 봉사자들의 모습이 보입니다. 한 종류는 기본적인 치유도 되지 않고 기본적인 영적 성숙도 되지 않은 상태에서 봉사를 하면서 다른 교인들에게 상처만 주고 다니는 사람들입니다. 그런가하면 또 다른 한 종류는 아직은 치유가 필요하다고 하면서 온갖 치유 집회만을 따라 다니며 봉사할 생각을 하지 않는 사람들입니다. 이런 분들을 보면 짧은 인생에 언제 섬김의 열매를 갖게 될까 싶은 생각이 듭니다.

이제 어느 정도 내게 믿음의 확신과 치유의 은혜를 주셨다고 생각된다면 겸허히 섬김의 사리에 서십시오. 그리고 봉사의 일을 하십시오. 여기서 '봉사의 일'은 철저하게 '섬김의 일'(the work of service)입니다. '봉사'(service, diakonias)라는 단어에서 집사(deacon)란 단어가 나왔습니다. 이는 디아(dia)와 코니아(konia) 두 단어의 결합인데 '코니아'의 뜻은 '먼지'란 말로 합하여 '먼지를 털다'라는 뜻입니다. 집사는 먼지를 터는 사람, 즉 청소하는 종입니다. 계급이 아닙니다. 본래 고대 교회에서는 교회 모든 직분을 통칭하여 집사라고 불렀습니다. 집사는 가장 대표적인 직분이었던 것입니다. 그렇습니다. 교회의 모든 직분은 철저히 계급이 아닌 봉사의 직분일 따름입니다. 직분 수여는 좀더 잘 봉사할 수 있도록 봉사의 마당을 제공하는 것뿐입니다. 그래서 직분을 받은 분들은 이제 좀더 허리를 굽히고 손에 수건을 들고 이웃들 앞에 서야 합니다. 제가 늘 강조하는 말이지만 한국 교회가 질적으로 성숙하려면 이 봉사의 영성이 성경적으로 회복되어야 합니다. 한국 교회의 최고의 과오가 있다면 직분을 계급화한 것입니다. '종'이라는 단어까지도 계급화하여 우리는 종을 '종님'이라고 부르는 교회가 되었습니다. 종은 맡겨진 일만 성실하고 겸손하게 감당하면 됩니다.

궁극적으로 몸 된 교회를 세워야 합니다

본문 12절 마지막에 사도 바울은 모든 교회 내 직분과 봉사의 궁극적인 초점이 어디에 있어야 하는가를 말했습니다. 한마디로 그것은 "그리스도의 몸을 세우려 하심"입니다. 여기서 세운다는 말은 '빌딩'(building)한다는 말입니다. 세우는 것(빌딩)의 반대는 무엇입니까? 허는 것 곧 파괴하는 것입니다. 교회가 교회답게 세워질 때 교회는 진실로 세상의 소망이 될 수 있지 않겠습니까? 그러므로 교회 봉사를 하면서 우리가 앞으로 날마다 물어야 할 질문은 이것입니다. 나의 섬김으로 우리 교회가 좀더 든든하게 좀더 아름답게 잘 세워져 가고 있느냐는 것입니다. 어떤 경우에는 섬기는 분들의 태도나 방식이 그릇되었을 때 한 사람의 부덕한 일꾼 때문에 온 교회가 흔들리고 몸살을 앓는 경우가 있습니다. 제발 흔드는 자나 허는 자가 되지 마십시오. 본래 흔드는 일은 사탄이 하는 일입니다. 누가복음 22장 31절에 보면 예수님께서 시몬 베드로에게 이렇게 말씀하십니다. "시몬아, 시몬아, 보라 사탄이 너희를 밀 까부르듯 하려고 요구하였으나." 우리는 허는 자가 아닌 세우는 자가 되어야 합니다.

그러나 여기서 '세움'은 단순한 조직의 세움만을 뜻하는 말이 아닙니다. 궁극적으로 교회원을 성숙하게 해야 한다는 뜻입니다. 결국 교회가 일한다는 뜻은 교회가 교인들을 통하여 일하는 것을 뜻합니다. 교인들 성도 한 사람 한 사람이 그리스도를 닮은 장성한 그리스도의 사람으로 온전하게 세워질 때, 그것이 바로 교회가 세워지는 것이고 그들을 통하여 하나님의 뜻이 그들이 살고 있는 모든 삶의 장에서 펼쳐지는 것입니다. 이는 곧바로 이어지는 본문 13절 이하에서 바울 사도가 지적하고자 했던 바입니다. 제가 좋아한 미 상원 원목이었던 리차드 하버슨(Richard Halverson) 목사의 이야기를 다시 들려 드리고 싶습니다. 그분은 한때 제가 미국에서 사역하던 워싱턴의 매릴랜드의 제4 장로교회의 목사로 목회하셨던 분이었습니다. 그가 한번은 여행을 갔다가 돌아오는 길에 비행기가 착륙 준비를 하고 있는데 워싱턴 상공에서 자기가 목회하는 교회당 건물이 보고 싶어졌다고 합니다. 마침 창가에 앉아 있던 그는 기대를 하며 창밖을 보고 있는데, 비행기가 원을 그리며 방향을 틀면서 자기 교회가 보일 듯 보일 듯하다가 시야에서 사라지면서 백악관이 보이고, 어린이 병원이 보이고, 국방성이 보이고, 조지타운 대학이 보였다고 합니다. 그리고 순간 느닷없이 이런 건물들에서 일하는 자기 교회 형제자매들의 얼굴이 떠올랐다고 합니다. 그는 갑자기 무릎을 치면서 "그래, 맞아. 나의 교회는 저 리버 로드 선상에 있는 교회당만이 아니야. 이 모든 곳 나의 백성들이 흩어져 일하는 모든 곳에 나의 교회가 있는 거야"라고 마음속으로 소리쳤다고 합니다.

그렇습니다. 우리 교회에 속한 한 분 한 분 성도들이 우리 교회에서 예배하고 말씀으로 훈련 받는 동안 은혜 받고 새 힘을 얻어 그리고 다시 흩어져 우리의 마을, 우리의 가정, 우리의 직장, 우리의 사업장으로 가서 거기서 복음의 빛을 발하며 사는 것을 보는 것 - 이것이 바로 교회가 존재하는 목적인 것입니다. 봉사도 거기에 초점을 맞추어 성도들이 그렇게 살아가도록 내 이웃들을 격려하고 세워야 합니다. 그들이 교회에서만 큰소리 치는 자가 아니라, 가정에서 직장에서 큰소리 치며 승리하는 자들이 되도록 말입니다. 그것이 바로 교회의 존재 이유요, 비전이요, 제직을 세우는 이유인 것입니다.

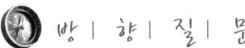

1. 당신의 교회 봉사를 성경적으로 점검해 보고 평가하십시오.
2. 당신의 교회 봉사에서 달라져야 할 것은 무엇인지 기록해 보십시오.

"아내들이여 자기 남편에게 복종하기를 주께 하듯 하라 이는 남편이 아내의 머리됨이 그리스도께서 교회의 머리됨과 같음이니 그가 바로 몸의 구주시니라 그러므로 교회가 그리스도에게 하듯 아내들도 범사에 자기 남편에게 복종할지니라 남편들아 아내 사랑하기를 그리스도께서 교회를 사랑하시고 그 교회를 위하여 자신을 주심같이 하라 이는 곧 물로 씻어 말씀으로 깨끗하게 하사 거룩하게 하시고 자기 앞에 영광스러운 교회로 세우사 티나 주름 잡힌 것이나 이런 것들이 없이 거룩하고 흠이 없게 하려 하심이라 이와 같이 남편들도 자기 아내 사랑하기를 자기 자신과 같이 할지니 자기 아내를 사랑하는 자는 자기를 사랑하는 것이라 누구든지 언제나 자기 육체를 미워하지 않고 오직 양육하여 보호하기를 그리스도께서 교회에게 함과 같이 하나니 우리는 그 몸의 지체임이라 그러므로 사람이 부모를 떠나 그의 아내와 합하여 그 둘이 한 육체가 될지니 이 비밀이 크도다 나는 그리스도와 교회에 대하여 말하노라 그러나 너희도 각각 자기의 아내 사랑하기를 자신같이 하고 아내도 사기 남편을 존경하라" (엡 5:22-33).

chapter 13

순례자의 부부 생활

아직도 공부를 계속하며 결혼 생활을 시작한 한 주부가 자신의 결혼 생활의 일상을 이렇게 묘사하고 있습니다. "나는 공부를 하면서 집안 살림과 육아를 전담하였고 그는 직장 일에만 매달려야 했다. 그는 대부분 11시가 넘어서야 집에 들어왔다. 술에 취해 들어오는 날도 적지 않았다. 남편을 직장에 완전히 빼앗긴 느낌이었다. 늘 힘들어 하던 그는 휴일에는 쉬어야 한다는 생각이 몹시 강했다. 집안일을 도와주거나 잠시라도 아이들을 돌봐서 아내에게 쉴 수 있는 시간을 줘야겠다는 생각은 꿈에도 못하는 눈치였다. 그로 인해 나는 사실 평일보다 휴일에 마음이 상한 적이 더 많았다. 나는 베스트셀러 한 권을 읽을 여유도 없이 사는데 하루 종일 누워서 재미있는 책을 읽고 있던 남편이 야속해 짜증을 부린 어느 일요일 오후였다. 남편은 갑자기 화를 폭발하면서 '내가 집에 와서 책 하나도 못 읽어?'라고 소리치면서 읽고 있던 책을 갈기갈기 찢어 던져 버리는 것이 아닌가. 쉬면서 재충전하고 싶다는 그의 욕구와 휴일이나마 남편의 보살핌과 도움을 받고 싶었던 나의 욕구가 정면으로 충돌하던 충격적인 기억이다. 서로의 삶에 무관심해지고 각자가 맡은 역할을 수행하는 것으로 남편과 아내의 의무를 다 한다고 생각하자 우리 관계는 아무런 윤기도 흐르지 않는 삭막한 관계가 되었다. 별일 아닌 일들에 꼬투리를 잡게 되고 죄책감과 당황함을 느끼게 되고 서로에 대한 용서와 관대함은 사라져 갔다."

그런데 이 자매가 어느 날 자기 가정에 일어난 변화를 이렇게 고백합니다. "그렇게 살던 우리 부부에게 특별한 일이 일어나기 시작했다. 마흔을 넘긴 남편이 하나님께 순종하면서 변화하기 시작했고 동일한 변화가 일 년의 시차를 두고 내게도 시작되었다. 이로 인해 우리 부부는 중년의 나이에 주책없이 신혼기를 맞게 되었다. 아니 연애 때나 신혼 때도 맛보지 못한 깊은 사랑과 연합의 즐거움을 알게 된 것이다."

이 기적처럼 변화된 부부 생활을 경험하게 된 자매는 자신과 남편의 믿음을 보며 학문을 지도하던 교수님의 권고로 한 권의 고백적인 책을 펴내게 되었습니다. 이 책이 바로 조은숙 님의 「우리들의 거듭난 결혼 이야기」(부제: 어느 평범한 부부에게 일어난 일상의 기적)입니다. 이 부부의 변화가 어떤 굉장한 충격적인 사건 때문이 아니었다는 것에 주목할 필요가 있습니다. 그것은 분명히 하나님의 은혜였지만, 한 가지 더 첨부하자면 본래부터 교회에 나가던 이 부부가 늘 듣고 늘 알고 있던 말씀들을 참 말씀 그대로 진지하게 붙들고 살아보기로 결심한 것도 큰 원인입니다. 오늘의 에베소서 본문은 바로 이 부부가 붙들었던 그리스도인의 부부 생활에 대한 바울 사도의 말씀입니다. 자, 그러면 그리스도인의 부부 생활, 어떻게 만들어 가야 할까요?

부모로부터의 온전한 떠남이 있어야 합니다

바울 사도는 에베소서 5장 22절 이하에서 성령의 지배를 받는 그리스도인의 삶을 가르치면서 제일 먼저 부부관계를 다루고 있습니다. 오늘 본문은 22절의 "아내들이여"라는 말씀과 25절의 "남편들아"라는 말씀으로 시작합니다. 그것은 에베소서 6장 1절 이하의 부모와 자녀 관계보다도 선행하는 가르침입니다. 사실 가정은 자녀 없이도 부부 관계만으로 성립할 수 있는 것입니다. 성경은 부부의 언약의 관계로 가정이 출발한다고 가르칩니다. 그러므로 부부 관계는 지상의 어떤 인간관계보다도 선행하는 우선순위적 관계라고 할 수 있습니다. 예수님은 부부 관계를 통한 가정의 성립은 '부모로부터의 떠남'으로 시작된다고 가르치십니다. 마태복음 19장 5절에 보면 "그러므로 사람이 그 부모를 떠나서 아내에게 합하여 그 둘이 한 몸이 될지니라"라고 하셨습니다. 한 영어 성경 번역에는 아주 인상적인 세 개의 동사 'leave, cleave, weave'가 나란히 쓰여 있습니다. 부모에게서 '떠나야'(leave) 합하게 되고, 온전한 '합'(cleave)을 이룬 후에 비로소 한 몸으로 '엮어진다/짜여진다'(weave)는 것입니다. 그런데 여기서의 떠남은 단순한 공간적인 떠남만을 의미하지 않습니다. 오늘날 많은 부부들의 문제는 부모에게서 감정적으로 심리적으로 떠나지 못한 채 결혼 생활을 영위하고 있다는 것입니다. 그래서 부부의 연합이 온전하지 못한 것입니다.

「우리들의 거듭난 결혼 이야기」를 쓴 조은숙 님의 표현을 빌리면 우리는 무의식 중에 한 침대에서 여섯 명이 함께 살아간다고 말합니다. 남편과 아내, 그리고 남편의 마음속에 살고 있는 남편의 부모, 아내의 마음속에 있는 아내의 부모, 이렇게 여섯이 함께 살고 있는 셈입니다. 그녀는 격동의 세월을 살아온 현대사의 주인공들인 우리 시대의 부모들이 특히 얼마나 자녀들을 떠나보내기를 어려워하는지를 잘 지적합니다. 어려움을 극복하고 자수성가한 우리의 아버지들, 남편의 멸시와 천대 속에 억척같이 자식을 키워 낸 어머니들, 그들의 삶이 고단하고 한이 많이 맺히면 맺혔을수록, 혹은 그들이 이룬 성과가 벅차고 자랑스러울수록 그만큼 자녀들에게는 비정상적인 기대와 부담을 갖습니다. 부모들은 자녀들이 그들이 살아온 방식대로 살거나 아니면 그들과 반대로 살아 주기를 강요해 왔습니다. 이것이 전형적인 한국 가정의 풍경이었습니다. 저자는 바로 이 점이 이 땅의 많은 부부들을 연합하지 못하도록 하는 원인이라고 지적합니다. 부모 공경은 우리가 순종해야 할 말씀이지만, 동시에 부모를 떠나라는 말씀도 동일하게 순종해야 할 말씀임을 기억해야 합니다. 결혼이 부모를 떠나 아내와 연합하는 일이라면 결혼한 이상 부부 관계는 모든 인간관계의 우선순위가 되어야 마땅합니다. 부모를 제대로 떠나지 않으면 부부는 부부로서 존재하는 것이 아니라 아직도 부모의 자식으로 존재하고 있는 셈이기 때문입니다. 그리고 이런 부부들은 결과적으로 부모에게도 효도하지도 못하는 인생을 살게 됩니다. 성경적인 부부 생활을 누리고 싶습니까? 먼저 부모에게서 떠나십시오. 그리고 그리스도인 부모들은 자식들을 축복하며 제발 품에서 떠나보내 주십시오. 더 이상 원격 조정을 할 생각을 마십시오. 섭섭하면 주님께 달려가시고 그분에게 말하십시오.

서로 복종하는 관계를 만들어 가야 합니다

에베소서 5장 22절 말씀은 아마도 저를 포함해서 많은 그리스도인

남자들이 가장 선호하는 성경 말씀이 아닐까합니다. 그러나 우리가 자주 망각하는 것이 있는데 그것은 22절 말씀 전에 21절 말씀이 존재한다는 사실입니다. "그리스도를 경외함으로 피차 복종하라." 누가 누구에게 복종하라고 했습니까? '피차에' 입니다. 무슨 동기로 그렇게 해야 합니까? 그리스도 때문입니다. 그리스도를 기쁘시게 하고자 그의 말씀과 그의 모범을 따라 우리는 피차에 복종해야 합니다. 우리에게서 복종을 받으셔야 할 예수께서 제자들의 발을 씻기신 것처럼 우리도 그렇게 할 수 있어야 한다는 것입니다. 다만 22절에서 한 번 더 이 단어를 사용해 아내에게 부탁한 이유는 그렇게 해서 아내가 남편을 세울 수 있기 때문입니다.

에베소서 5장 23절에서는 아내가 남편에게 복종할 이유로 남편이 아내의 머리가 됨이라고 말씀합니다. 머리라는 말은 남편의 우월성을 가리키는 표현이 아닙니다. 성경이 그리스도의 머리는 하나님이시라고 하셨을 때 이 말이 성부 하나님보다 성자 하나님이 열등하다는 의미가 아닌 것과 같습니다. 성부 하나님은 성자 하나님을 "보라, 내 사랑하는 아들이라"고 부르십니다. 성자 하나님은 성부 하나님을 높이시고 그의 뜻을 이루고자 그가 존재한다고 고백하십니다. 머리는 리더십을 뜻하는 말입니다. 어느 공동체나 리더를 필요로 하고 질서를 필요로 합니다. 리더십의 궁극적인 존재 이유는 공동체를 세우고자 함인 것입니다.

서로 사랑하는 관계를 만들어 가야 합니다

본문을 보면 성경이 남편에게만 사랑의 의무를 지우는 것으로 보일 수도 있습니다. 왜냐하면 25절에 "남편들아 아내 사랑하기를 그리스도께서 교회를 사랑하시고 그 교회를 위하여 자신을 주심같이 하라"고 명하시고 있기 때문입니다. 그러나 디도서 2장 4절에 보면 "그들로 젊은 여자들을 교훈하되 (무엇보다) 그 남편과 자녀를 사랑하며"라고 가르칩니다. 사랑의 관계는 다른 어떤 관계보다도 상호 관계일 수밖에 없습니다. 사랑은 주고받아야 하기 때문입니다. 그러나 성경이 더 연약한 그릇으로 묘사한 여성을 보호하고 세워야 한다는 의미에서 남편이 보다 관심을 갖고 실천해야 할 덕목으로 성경은 아내를 향한 남편의 책임으로서의 사랑을 강조합니다. 문제는 사랑의 당위성이 아니라 사랑의 표현 방식입니다. 대부분의 사람들에게 그들이 마땅히 사랑해야 할 사람들을 사랑하느냐고 묻는다면 그들은 '예'라고 대답합니다. 그러나 그들의 사랑의 파트너들은 그들이 사랑받고 있다고 느끼지 않는 것이 문제입니다. 우리는 아직도 사랑을 표현하는 실제적인 방식을 배우지 못하고 있는 것입니다.

사랑은 추상 명사가 아니라, 움직이는 동사라는 말이 있습니다. 이런 말을 들어 보셨는지요? "종은 울리기 전까지 종이 아니다. 노래는 부르기 전까지 노래가 아니다. 사랑은 표현하기 전까지 사랑이 아니다." 그렇습니다. 사랑은 사랑을 기다리는 사람들에게 이해될 수 있는 방식으로 표현되어야 합니다. 어떤 사람에게는 사랑은 언어의 고백으로 나타나야 합니다. 또 어떤 사람들은 나를 소중히 여겨 주는 몸짓으로서의 사랑을 기다립니다. 밖에서 힘들게 일하는 많은 남자들은 집에서 자신을 홀로 있게 하는 방식으로 식구들이 자신을 편하게 해 줄 것을 기대합니다. 심리학자들은 이것을 '굴에 칩거하고 싶어 하는 남성 심리'라고 지적합니다. 이런 남자들에게는 다른 어떤 사랑의 표현보다 그가 굴에 있도록 버려 두는 것이 사랑일 수 있습니다. 그러나 그가 굴(cave, 현대인의 굴은 TV 시청이나 컴퓨터 등이다)에서 나오고 싶어 하거든 그 절묘한 타이밍을 놓치지 말고 접근하여 그의 새로운 욕구가 무엇인가를 살펴야 합니다. 상대가 원하는 사랑의 방식을 모르거든 차라리 정직하게 "당신에게 어떻게 해 드리는 것이 좋을까요?"라고 물어보십시오. 그러나 무엇보다 사랑은 조건 없는 용납이며 자기희생인 것을 잊지 마십시오. 주께서 우리를 조건 없이 용납하셨고 조건 없이 자신을 우리에게 주셨다면 이제 우리는 그분의 사랑에 빚진 자가 된 것입니다. 사랑이 힘들어질 때마다 이렇게 물으십시오. 이런 정황에서 주님은 그를 어떻게 사랑하셨을까를 말입니다.

주님의 은혜가 궁극적 희망이 되어야 합니다

거듭난 성도들의 최선의 사랑도 섬김도 여전히 인간의 사랑이요 섬김인 것을 우리는 잊지 말아야 합니다. 그래서 최선이라는 이름의 땀 흘림과 몸부림에도 불구하고 인간적 노력의 한계를 감수해야 하는 우리에게 한계를 넘어서는 은혜는 그리스도인 부부 관계의 마지막 희망인 것을 기억해야 합니다. 주님이 우리에게 자신을 내어 주신 이유는 우리가 그렇게 대접 받을 자격이 있기 때문이었습니까? 아닙니다. 그것은 은혜였습니다. 은혜는 받을 자격이 없는 사람들에게 베푸신 조건 없는 사랑이었습니다. 바울 사도는 이미 에베소서 2장 8절에서 우리가 그 은혜로 구원의 선물을 받고 하나님의 자녀가 된 것을 상기시켜 줍니다. 본문 25절에 그리스도께서 교회를 위하여 자신을 내어 주신 사랑, 바로 그 사랑의 은혜를 입고 우리가 주님의 사랑 받는 자가 되었다면 때로 내 남편이나 내 아내가 또다시 나를 실망시켜도 주님 앞에 나아가 주님의 은혜를 구해야 합니다. 그분의 도움을 빌며 버티고 참고 기다려 줄 수 있는 것, 그것이 바로 은혜 입은 사람의 모습인 것입니다. 다시 조은숙 님의 설명을 들어 보십시오. "보증을 잘못 서서 가정 경제에 큰 어려움을 남긴 남편, 그런 자신을 아내가 구박하고 냉대한다고 집 밖으로 돌다가 바람난 남편, 그런 남편이 어느 날 지치고 병들어 집으로 돌아올 때 그를 문전 박대 않고 받아 주는 것", 그것이 바로 은혜라고 말합니다. 바로 그 은혜가 어려운 인생을 사는 모든 부부의 궁극적인 희망인 것입니다.

  성경은 이런 주의 은혜로 우리의 마음이 다스려지는 상태를 가리켜 성령 충만이라고 합니다. 사실 본문은 바로 이 명령으로 소급되어 시

작된 것이었습니다. "술 취하지 말라 이는 방탕한 것이니 오직 성령으로 충만함을 받으라." (엡 5:18)

마지막으로 다시 「우리들의 거듭난 결혼 이야기」로 글을 마치려 합니다. 작가 부부는 이 책을 쓰면서 자신들의 결혼 생활이 이렇게 변했다고 떠들어 놓고 혹시 예전으로 돌아가면 어떻게 될까를 걱정하다가 결국 성령 충만으로 대화의 결론을 맺습니다. 들어보십시오. "그렇다. 기도하지 않고 성령 충만하지 않고 어떻게 내가 먼저 섬기고 내가 먼저 용서하고 내가 먼저 사랑한다고 말할 수 있을까? 맨정신으로는 도저히 그렇게 못한다. (그래서) 알콜중독자들이 술에 절어 살 듯 우리의 삶은 성령에 취해 살아야 하리라." 그렇습니다. 성령 충만이 해답입니다. 성령 충만이 희망입니다. 성령 충만이 비전입니다. 성령 충만이 행복입니다. 그리스도 예수로 당신의 인생의 주인이 되게 하십시오. 참으로 성령의 지배를 사모하십시오. 그리고 성령이 다스리는 부부 관계를 만들어 가십시오. 이 땅에서 순례자인 그리스도인 부부도 행복할 권리가 있습니다.

 방 | 향 | 질 | 문

1. 당신의 부부 생활을 성경적 관점에서 평가해 보십시오.
2. 당신의 부부 생활에서 변화되어야 할 부분은 무엇입니까?

"마땅히 행할 길을 아이에게 가르치라
그리하면 늙어도 그것을 떠나지 아니하리라" (잠 22:6).

"또 아비들아 너희 자녀를 노엽게 하지 말고 오직 주의 교훈과 훈계로 양육하라" (엡 6:4).

chapter 14

순례자의 자녀 양육

성경은 하나님께서 그의 자녀 된 우리를 양육하시는 방법을 자주 독수리 양육에 비유합니다. 신명기 32장 11절을 보십시오. "마치 독수리가 자기의 보금자리를 어지럽게 하며 자기의 새끼 위에 너풀거리며 그의 날개를 펴서 새끼를 받으며 그의 날개 위에 그것을 업는 것같이" 하신다고 했습니다. 보금자리를 어지럽힌다는 말은 잠자는 아기 독수리를 깨운다는 뜻입니다. 아기 독수리의 어린 시절 부모 독수리는 아기 독수리를 둥우리에서 먹이고 재우다가 일정한 시간이 지나면 날개 위에 업어 나르기를 시작합니다. 다시 일정한 시간이 지나면 이제 하늘을 나는 훈련을 시작합니다. 보통 독수리의 집 둥우리는 높은 산정 가까운 비탈 언덕에 위치합니다. 어느 날 부모 독수리는 아기 독수리를 깨워 그의 안전의 상징인 둥우리에서 데리고 나와 낭떨어지 비탈길에 섭니다. 그리고 바람이 불기를 기다렸다가 아기 독수리를 날개 위에서 떨어뜨립니다. 아직 한 번도 날아 보지 못한 아기 독수리는 자기가 날 수 있다는 사실조차 인지하지 못한 채 살기 위해 필사적으로 날개를 퍼뜩거려 봅니다. 한없이 공포 속에 하강하는 아기 독수리가 결정적인 위험에 처하기 전에 부모 독수리는 재빨리 아기 독수리 밑으로 하강하여 날개를 펴서 업고 다시 집으로 상승합니다. 몇 번씩 이런 훈련을 거듭하면서 마침내 아기 독수리는 저 무한한 하늘의 공간이 자기의 세상인 것을 깨닫고 나래를 펴 비상하는 하늘의 왕자와 공주로 자라갑니다.

에베소서 6장 4절에서 바울 사도는 그리스도인 부모들에게 "오직 주의 교훈과 훈계로 (자녀들을) 양육하라"고 가르칩니다. 여기서 사용된 '교훈과 훈계' 그리고 '양육'이라는 단어는 모두 적극적인 훈련의 의미를 담고 있는 말들입니다. 자녀 양육은 저절로 되는 것이 아니라 훈련으로만 가능합니다. 자녀 양육은 자녀를 낳고 데리고만 있으면 자연적으로 되는 것이 아니라는 것입니다. 부모가 적극적인 교육의 비전을 갖고 양육할 때에만 비로소 우리의 자녀들은 하늘을 나는 비전의 주인공들로 자라가는 것입니다. 독수리가 훈련에 의해서 나는 것과 마찬가지입니다. 갓 태어난 독수리를 닭과 함께 키웠더니 평생 날지 못하고 닭처럼 땅에 것만 먹고 살았다는 실험 결과가 그 좋은 사례입니다. 그렇다면 우리 그리스도인 부모들이 자녀들을 그리스도인으로 자라게 하기 위해서는 분명한 자녀 훈련의 철학과 자녀 양육의 비전을 갖고 있어야 할 책임이 있는 것입니다. 성경이 가르치는 자녀 양육의 원리는 무엇이겠습니까?

아버지가 양육의 궁극적인 책임을 져야 합니다

오늘 에베소서의 본문(6:4)은 '아비들아' 라는 말씀으로 시작됩니다. 왜 '이미들이' 하지 않고 '아비들아' 라고 했을까요? 어미들은 자녀 양육의 책임이 없다는 말입니까? 그렇지 않습니다. 옛날이나 지금이나 자녀들과 더 많은 시간을 보내는 것은 어머니들입니다. 그래서 우리는 아주 자연스럽게 자녀 양육의 책임이 어머니들에게만 있다고 인식하기 쉽습니다. 성경은 이런 전통적인 인식의 패러다임을 깨고 자녀 양육의 궁극적 책임이 아버지들에게도 있음을 가르치는 것입니다. 성경의 교훈처럼 하나님이 한 가정에서의 지도력을 가장들에게 주신 것이라면 자녀 양육을 포함하여 가정에서 일어나는 모든 일의 궁극적 책임이 리더인 아버지들에게 있을 수밖에 없습니다. 그렇다면 아버지 여러분, 여러분들은 자녀들의 양육에 얼마나 진지한 관심을 갖고 기도하며 아내들과 협력하고 계신지요? 자녀들과 시간을 보내기에는 너무 바쁘십니까? 그렇다면 당신은 진정 너무 바쁘신 것입니다. 그런데 묻고 싶은 것이 있습니다. 당신을 바쁘게 하는 그 일들이 내 자녀의 미래보다 더 중요한 일들이란 말입니까? 요즈음 자녀들은 "우리 아빠는 나쁘는 아니지만 바빠"라고 한답니다. 우리 사회가 건강한 사회가 되려면 남자들이 직장 상관들이나 동료들에게 저녁이나 주말 시간을 함께할 것을 요구 받았을 때 "전 오늘 저녁에 자녀들과 약속이 있습니다"라고 자연스럽게 거절할 수 있어야 합니다. 심리학자들은 오늘날 가정에서 일어나는 최대의 불행의 뿌리는 가정에서의 '아버지 부재현상' 이라고 지적합니다. 동성연애자 자녀들과 알콜중독자 자녀들의 가장 보편적인 원인이 아버지의 사랑을 받지 못한 때문이라는 것은 이제 상식이 되어가고 있지만, 이런 상식적 불행의 끝은 보이지 않습니다. 가정들의 붕괴가 로마 사회의 붕괴로 이어지는 심각한 징후를 절감하던 철학자 세네카(Seneca)는 당시의 사회를 향해 "애국자들이여, 가정으로 돌아가십시오"라고 외쳤습니다. 그러나 오늘 우리는 보다 구체적으로 "아버지들이여, 가정으로 돌아가십시오"라고 외쳐야 하는 시대가 되었습니다.

부모는 자녀를 노엽게 할 일을 말아야 합니다

오늘 본문 4절에서 바울 사도는 "또 아비들아 너희 자녀를 노엽게 하지 말고"라고 권면합니다. 오늘날의 젊은이 세대를 가리켜 '성난 세대'(angry generation)라고 표현한 작가가 있습니다. 저는 오늘날 성난 세대를 만든 책임은 전적으로 부모에게 있다고 생각합니다. 왜 우리의 자녀들이 그렇게 성난 상태에 있게 되었습니까? 다양한 원인들이 있을 수 있지만 제가 생각하기에 가장 보편적인 원인 세 가지는 1) 방임 2) 과잉보호 3) 과잉징계라고 생각합니다. 혹시 우리 가정의 자녀들이 거의 방임 상태에서 버림 받고 있는 것은 아닌가요? 언제 여러분의 자녀들과 진지하게 시간을 함께 보내고 인생을 이야기해 보셨나요? 방임 못지않게 나쁜 것이 과잉보호입니다. 과잉보호의 뿌리는 불신입니다. 자녀들을 믿지 못하는 것입니다. 그래서 모든 것을 대신하고자 합니다. 이런 자녀의 눈에 보이는 부모는 자애로운 보호자가 아닌 자신의 인격성을 부정하는 폭군인 것입니다. 그리고 과잉징계는 결정적으로 자녀들을 노엽게 하는 원인입니다. 오해하지 마십시오. 징계는 필요합니다. 그러나 성경은 과잉징계를 경계합니다. 그것은 자녀를 얻는 것이 아니라 자녀를 잃는 것이기 때문입니다.

성난 자녀를 만들지 않으려면 어떤 경우에도 부모는 성난 상태에서 자녀들을 나무라지 말아야 합니다. 부모의 감정이 통제되지 않은 상태에서는 어떤 이야기도 자녀들에게 교육이 아닌 폭력으로 이해될 수 있기 때문입니다. 그러므로 그리스도인 부모들의 자녀 양육의 출발점은 부모 자신의 감정의 통제가 선행되어야 합니다. 그렇다면 어떻게 우리는 자녀들을 향한 속상한 마음을 다스릴 수 있겠습니까? 그 대답은 '성령 충만'입니다. 바울 사도는 에베소서에서 가정에 대한 그의 교훈을 시작하면서 제일 먼저 강조한 것이 성령 충만이었습니다. 에베소서 5장 18절을 기억하십시오. "술 취하지 말라 이는 방탕한 것이니 오직 성령으로 충만함을 받으라." 성령 충만의 가장 중요한 특성은 자제력입니다. 술에 취하면 술의 지배를 받고 성령으로 충만하면 성령의 지배를 받습니다. 부모의 감정이 다스려지지 못한 상태는 마치 술 취함과 같습니다. 변덕스런 부모의 감정의 분출을 목격할 때마다 자녀들은 깊은 내적인 혼란과 분노를 경험하는 것입니다. 그러므로 성경적인 자녀 양육을 원하신다면 먼저 성령 충만을 구하십시오. 자녀들 때문에 속상하신 일이 있습니까? 그렇더라도 그 상태에서 입을 여시면 안 됩니다. 먼저 엎드려 기도하십시오. 성령 충만을 구하십시오. 성령의 지혜를 구하십시오. 그것이 성경적 자녀 양육의 시작입니다.

부모는 주님의 가치관으로 양육해야 합니다

바울 사도는 오늘의 본문에서 "주의 교훈과 훈계로 양육하라"고 가르칩니다. 교훈이라는 단어가 '예방적인 행위'를 강조하는 단어라면 훈계는 '치료적인 언어'를 가리키는 말입니다. 행위와 말이 주의 뜻에 합당하도록 양육해야 한다는 것입니다. 그리고 그리스도인 부모들 또한 주님이 기뻐하시는 행위와 말을 매개체로 자녀를 가르쳐야 합니다.

어떻게 주님이 기뻐하시는 행위로 가르칠 수 있을까요? 무엇보다 부모 자신이 모범을 보여야 합니다. 자녀 교육은 결코 잔소리가 아닙니다. 자녀들이 진지한 믿음의 삶을 살기를 소원하신다면 부모가 먼저 진지한 믿음의 삶의 모범을 보이십시오. 여러분의 자녀가 진정 기도의 사람이 되기를 원하시면 부모 자신이 먼저 진지하게 기도하는 사람이 되십시오. 자녀들이 정직한 사람이 되기를 원하시면 부모 자신이 정직하게 사는 모범을 보이십시오. 자녀들은 부모의 앞에서만 배우는 것이 아닙니다. 부모의 뒷모습에서 오히려 더 많은 것을 배웁니다. 다시 말해 부모가 하는 것을 보고 배운다는 말입니다. 이것을 현대 교육에서는 '역할 모범', '모델링'이라고 합니다. 그러나 동시에 성경은 진지한 훈계의 필요성을 강조합니다. 오늘날의 인본주의적 현대 교육은 거의 훈계를 가르치지 않습니다. 우리는 물론 과도한 징계를 주의해야 하지만 인간의 부패성은 우리의 오류를 시정하는 진지한 훈계를 필요로 함을 기억해야 합니다. 우리는 부모로서 먼저 성경이 가르치는 가치관을 익숙하게 내면화시켜야 합니다. 그리고 동일한 가치관을 매우 일관성 있게 자녀들과 나누고 말과 행동으로 가르쳐야 합니다. 그때 비로소 우리는 우리의 자녀들이 주의 교훈과 훈계로 자라나고 있다고 고백하게 될 것입니다.

스테디셀러가 된 「마시멜로 이야기」라는 책이 있습니다. 이 책에 보면 인도의 마하트마 간디의 가족 이야기가 나옵니다. 간디 집안의 중요한 가치관이 정직이었다고 합니다. 어느 날 간디의 손자 아룬이 아버지 심부름으로 자동차 정비소에 가서 차를 수리하게 되었습니다. 아버지와 오후 5시에 만나기로 하고 정비소로 갔는데 정오쯤에 일이 모두 끝났습니다. 아룬은 시간이 너무 많아 남자 동시 상영을 하는 영화관에 들러 영화를 보다 그만 만나기로 한 시간보다 1시간 늦게 도착해 버렸습니다. 아버지가 "왜 이렇게 늦었느냐?"고 묻자 얼결에 "차 수리가 늦어져서요"라고 대답했다고 합니다. 이때 이미 아버지는 정비소에 전화하여 언제 정비가 끝났는지를 알고 있었습니다. 아들의 말을 들은 아버지는 잠시 묵도한 후 "알았다, 너는 차를 타고 집에 돌아가거라. 나는 집에까지 걸어가겠다"라고 말했다고 합니다. 사무실에서 집까지는 무려 15km의 거리였습니다. 그 이유를 묻는 아들에게 아버지는 침착한 음성으로 이렇게 말했다고 합니다. "내가 얼마나 나의 자녀들을 잘못 교육했는지를 반성할 필요를 느꼈기 때문이다. 아들아, 나를 용서해다오, 나는 걸어가며 정직의 교훈을 묵상해야겠다." 그날 이후 간디의 손자 아룬은 어떤 교훈을 배웠을까요? 그는 평생토록 다시는 거짓말을 안 했다고 합니다. 이것이 바로 가치관 교육인 것입니다.

부모는 자녀를 떠나보낼 줄 알아야 합니다

오늘 우리가 함께 읽은 잠언 말씀은 부모가 양육에서 언제나 자녀의 떠남의 순간을 염두에 두고 교육할 필요를 가르칩니다. 다시 읽어 보실까요? 잠언 22장 6절입니다. "마땅히 행할 길을 아이에게 가르치라 그리하면 늙어도 그것을 떠나지 아니하리라." 이 말씀은 자녀 양육의 여러 가지 교훈을 가르칩니다. 우선 이 말씀은 자녀 양육의 진정한 결과가 그들이 부모의 품을 떠나 사회로 들어갔을 때 어떻게 사느냐로 검증된다는 것을 시사하고 있습니다. 그러나 더 중요한 의미가 있습니다. 우리 번역에는 이런 뜻이 선명하게 나타나 있지 않지만 본래의 뜻은 "자녀들에게(그가) 마땅히 행할 길을 가르치라"는 말씀입니다. 자녀의 인생을 부모가 대신 살아 줄 수는 없습니다. 그들은 그들 자신의 인생을 살아야 합니다. 그렇다면 우리의 자녀들이 주께로부터 받은 재능과 은사를 개발하여 하나님이 그들의 미래를 위해 준비하신 그 인생을 살아가도록 격려하고 떠나보내 주어야 합니다. 부모의 못다 이룬 인생을 자녀들에게 강요하지 마십시오. 자녀들은 부모의 소유물이 아닙니다. 그들은 그들 나름대로 살아야 할 그들의 인생이 기다리고 있습니다. 할 수 있는 최선을 다하고 어느 날 미련 없이 떠나보내 주십시오. 그리고 그 떠남의 날을 생각하며 오늘 당신의 자녀들을 위한 최선의 준비가 무엇인가를 기도하십시오.

저는 오늘의 말씀을 독수리 이야기로 시작했습니다. 샌디 워너(Sandy Warner)라는 기독교 동화 작가의 독수리 이야기에서 부모 독수리가 아기 독수리와 작별하는 순간을 묘사한 글로 오늘의 말씀을 마무리하고자 합니다.

부모 독수리는 자녀 독수리가 부모의 품을 떠날 때가 가까웠다고 느끼면 더 높은 곳으로 올라가 자녀 독수리를 비상시키는 훈련을 한다. 그리고 아기 독수리 곁을 날며 이렇게 말한다. "넌 이제 혼자 날 수 있어, 다음에 우리는 네가 나는 그 멋진 모습을 저 높은 곳에서 지켜볼 거야. 아빠 엄마의 도움이 필요하면 우리에게 보내는 특별한 소리와 함께 네 비상 도움을 요청하는 날갯짓을 하면 되는 거야. 아빠 엄마는 언제라도 너를 도울 준비가 되어 있어. 하지만 너는 곧 너의 아기 독수리를 키우기 위해 우리를 당분간 잊어버려도 될 거야. 그래도 괜찮아. 그것이 자연의 순리이기 때문이지. 다만 먼 훗날 언젠가 우리가 보고 싶으면 넌 저 광야의 골짜기로 내려오면 돼. 거기서 넌 너의 늙은 아빠 엄마 독수리를 다시 볼 수 있을 거야. 아빠 엄마는 늙으면 더 이상 이 높은 곳에서 살 수 없거든. 하지만 그때에도 아빠 엄마 독수리는 너를 알아보고 저 골짜기에서도 너의 멋진 비상을 응원하며 박수를 보내고 있을거야." 그리고 이 말과 함께 마침내 부모 독수리는 그동안의 익숙했던 자신들의 둥우리를 해체하는 작업을 시작한다. 그리고 아기 독수리를 사정없이 밖으로 밀쳐 낸다. 더 먼 곳으로 더 멀리 비상하도록 말이다. 그리고 다시 부모 독수리는 허공을 가르는 큰 소리로 외친다. "그것 봐! 넌 할 수 있어! 넌 할 수 있어! 우리보다 더 멋지게 나는 거야!"

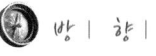

1. 당신의 자녀 양육을 성경적 관점으로 평가해 보십시오.
2. 앞으로 자녀 양육에서 달라져야 할 것은 무엇입니까?

"종들아 모든 일에 육신의 상전들에게 순종하되 사람을 기쁘게 하는 자와 같이 눈가림만 하지 말고 오직 주를 두려워하여 성실한 마음으로 하라 무슨 일을 하든지 마음을 다하여 주께 하듯 하고 사람에게 하듯 하지 말라 이는 기업의 상을 주께 받을 줄 아나니 너희는 주 그리스도를 섬기느니라 불의를 행하는 자는 불의의 보응을 받으리니 주는 사람을 외모로 취하심이 없느니라 상전들아 의와 공평을 종들에게 베풀지니 너희에게도 하늘에 상전이 계심을 알지어다"(골 3:22-4:1).

chapter 15

순례자의 직장 생활

1937년에 만들어진 월트 디즈니의 만화 영화 "백설 공주와 일곱 난쟁이"는 전 세계적인 관심과 사랑을 받은 최초의 본격적인 장편 애니메이션이라고 할 수 있을 것입니다. 보는 이의 관점에 따라서 이 스토리는 백설 공주와 일곱 난쟁이 사이의 우정의 이야기라고 할 수도 있고, 아니면 공주와 왕자 혹은 공주와 난쟁이의 사랑의 이야기라고 할 수도 있습니다. 흥미로운 것은 1930년대 초의 세계 경제 대공황

이후 일의 의욕을 상실한 대중들을 대상으로 노동의 신성함을 설득하고 계몽하기 위한 숨은 의도가 이 영화의 가장 중요한 모티브였다는 지적입니다. 실로 계모 왕비의 위협을 피해 숲속 난장이들의 오두막에 도착한 공주는 자신의 공주의 신분에도 불구하고 집안을 깨끗이 쓸고 열심히 정돈하며 일하는 모습으로 그려지고 있지 않습니까? 공주의 노래를 기억하십니까?

> 일하며 휘파람을 불어요.
> 그럼 모두 즐겁게 정돈을 할 수 있지요.
> 다 함께 흥겨운 가락을 중얼대요.
> 발걸음을 맞출 노래가 있다면
> 오래 걸리지 않을 거예요.
> 그리고 방을 청소하면서 빗자루가
> 당신이 사랑하는 어떤 이라고 상상해 봐요.
> 그럼 가락에 맞춰 춤을 추고 있는
> 당신을 발견하게 될 거예요.

여기서 백설 공주의 아름다움은 힘든 일은 절대로 하지 않고 입으로 명령만 하는 이미지가 아니라 땀 흘려 일하는 이미지였던 것입니다. 그녀는 자신의 신분과 상관없이 열심히 그리고 즐겁고 신나게 일하는 모범을 보여 주고 있었습니다.

오늘의 본문은 그리스도인들에게 이런 노동의 원리 혹은 직장 생활의 원리를 보여 주는 중요한 말씀입니다. 그리스도인의 삶의 승리는 주일의 교회가 아닌 월요일에서 금요일(혹은 토요일)까지의 삶의 일터에서 확인해야 합니다. 주일은 일터의 승리를 위한 준비의 시간이어야 합니다. 다시 말하면 우리가 주일 예배의 장에 나아와 하나님의 임재를 경험하고 성령의 충만을 경험했다는 사실의 결과가 월요일의 가정 생활, 월요일의 직장 생활의 변화의 열매로 나타나야 한다는 말입니다. 자, 그러면 그리스도인들이 그들의 일터에서 진정한 승리를 경험하기 위해서는 무엇을 해야 할까요?

모든 일의 영역을 주의 일로 생각해야 합니다

여러분은 '주의 일'이라고 하면 무엇을 제일 먼저 떠올리게 되나요? 아마 교회에 나와서 예배하는 일, 성경 공부하는 일, 봉사하는 일, 전도하는 일, 선교하는 일을 생각하게 될 것입니다. 그런데 혹시 우리의 직장에서 맡겨진 직무들과 씨름하며 이것이 주의 일이라고 얼마나 생각해 보셨는지요? 전업주부들인 자매님들은 가정에서 아이들과 씨름하고 가사를 돌보면서 이것이 주의 일이라고 정말 생각해 보신 적이 있으신가요? 이렇게 교회와 관련된 일들은 거룩한 일, 그리고 일상생활과 관련된 일들은 세속적인 일이라고 생각하는 경향을 가르쳐 이원론적인 사고라고 말합니다. 흔히 한국 교회의 최대의 과제는 이런 이

원론적인 사고의 극복에 있다고 지적되고 있습니다. 한국 교회가 놀라운 부흥을 경험하고도 오늘날 사회적인 지탄의 대상이 되고 있는 이유가 바로 교회 안에서의 전도와 선교에는 열중하면서도 일상에서 즉 가정과 직장, 그리고 사업의 장에서 불신자들과 전혀 다른 모습이 없고 이웃들에게 모범이 되지 못하고 있기 때문입니다. 그런데 성경은 어떻게 가르치고 있습니까?

오늘 본문 23절과 24절을 다시 읽어 보십시오. 우선 우리가 해야 할 일보다 거룩한 일이 따로 있다고 성경이 가르치고 있지 않다는 사실에 주목하십시오. 23절에는 '무슨 일'을 하든지 마음을 다하여 주께 하듯 해야 한다고 가르칩니다. 그리고 24절은 우리가 이런 일로 주 그리스도를 섬긴다고 가르칩니다. 바로 일상생활의 장이 주님 섬김의 장이라고 가르치는 것입니다. 오늘의 본문은 골로새서라는 바울 서신의 한 대목인데 골로새서의 주제가 바로 그리스도의 주권(Lordship)입니다. 그리스도가 우리를 창조하시고 우리를 섭리하시는 주인이시라면 그는 우리의 일상생활의 영역에서도 주가 되셔야 한다는 것입니다. 여러분과 저는 주일에 교회에 나와서 기도하실 때만 "주여!" 할 것이 아니라, 가정에서 빨래하다가 주의 도우심이 필요할 때도 "주여!" 하셔야 하고 직장에서 지혜가 필요할 때도 "주여!" 하셔야 합니다. 그리하여 진정 그가 우리의 모든 삶의 영역에서 주인이 되셔야 합니다. 그때에야 비로소 우리가 감당하는 모든 일이 주의 일이 되는 것입니다.

사람이 아닌 주님을 의식하고 일해야 합니다

우리가 어떤 일을 망칠 때에는 여러 가지 원인이 있을 수 있지만 그중의 하나가 일을 맡기고 감독하는 주인 혹은 보스를 지나치게 의식하는 경우입니다. 그래서 성경은 사람을 기쁘시게 하려는 동기로만 일해서는 안 된다고 가르칩니다. 22절을 같이 읽겠습니다. "종들아 모든 일에 육신의 상전들에게 순종하되 사람을 기쁘게 하는 자와 같이 눈가림만 하지 말고 오직 주를 두려워하여 성실한 마음으로 하라." 여기 눈가림이란 말이 KJV 번역에 보면 'eye-service'라고 표현(not with eye-service) 되어 있습니다. 주인이 오면 일을 하고 주인이 사라지면 손을 놓고 있는 모습, 곧 주인의 눈치만 보면서 기회주의적으로 일하고 있는 모습을 나타내고 있는 것입니다. 우리는 이런 노동의 태도를 보통 노예근성 혹은 노예의식 때문이라고 말합니다. 그런데 성경은 사람을 기쁘게 하는 자가 아닌 보이지 않으시나 어디에나 계시는 주님을 의식하고 일해야 한다고 가르치고 있습니다.

그렇습니다. 성경적인 주인의식은 우리가 어디서 무엇을 하든지 언제나 나를 보고 계시는 주님을 의식하고 그분 앞에서 일하는 것입니다. 이것을 종교 개혁자들은 'Coram Deo' (코람데오)라고 하지 않았습니까? Coram은 라틴어로 "앞에서, 면전에서"라는 뜻이고, Deo는 하나님입니다. 즉 하나님 앞에서 산다는 말입니다. 창세기 17장 1절에 보면 하나님께서 믿음의 조상 아브람에게 나타나 "너는 내 앞에서 행하여 완전하라"고 말씀하십니다. 바울 사도는 이런 의식은 직장의 피고용인뿐 아니라, 고용주에게도 동일하게 필요하다고 가르칩니다. 골로세서 4장 1절입니다. "상전들아 의와 공평을 종들에게 베풀지니 너희에게도 하늘에 상전이 계심을 알지어다." 저는 이런 의식이야말로 진정한 성경적 주인의식이라고 믿습니다. 우리 모두는 하늘의 상전이신 주님을 의식하고 다만 그분 앞에서 일하고 살아야 합니다. 우리가 이런 의식을 갖는 순간 비로소 우리는 인간적 노예 의식에서 자유 할 수 있습니다. 그리고 우리의 모든 상황 모든 일터에서 최선을 다하여 일할 수 있습니다.

모든 일을 주께 하듯 성실하게 해야 합니다

우리가 일터에 설 때마다 늘 자신에게 돌아오는 질문이 있습니다. 그러나 구체적으로 어떻게 일해야만 고통스럽지 않게 즐겁게 일할 수 있겠습니까? 성경은 아주 간단하지만 효율적인 방편을 가르치고 있습니다. 23절이 대답입니다. "무슨 일을 하든지 마음을 다하여 주께 하듯 하고 사람에게 하듯 하지 말라." 주님이 이 일을 내게 맡기셨다는 생각을 늘 갖고 일하라는 것입니다. 사랑하는 주님이 내게 맡기신 일이라면 즐겁게 할 수 있지 않겠습니까? 같은 맥락의 교훈을 기록한 에베소서 6장 7절에 보면 "기쁜 마음으로 섬기기를 주께 하듯 하고"라고 했습니다. 전에 우리가 사용하던 개역 한글에서는 '단 마음'으로 섬기라고 했습니다. 내가 사랑하는 주님 그리고 나를 사랑하는 주께서 이 일을 맡기셨다면 즐거운 마음으로 일할 수 있지 않겠습니까? 그때 비로소 노동은 괴로운 노동이 아닌 즐거운 노동이 될 수 있는 것입니다. 사실 타락 전과 타락 후의 노동관의 변화는 무엇이겠습니까? 인간이 타락함으로써 노동이 주어진 것이 아닙니다. 타락 전에도 아담에게는 에덴동산을 경작하는 책임이 주어져 있었습니다. 타락의 결과는 즐겁게 일해야 할 노동이 괴로운 노동이 되었다는 것입니다. 그러나 이제 우리가 구원 받은 그리스도인이 되었다면 일의 태도가 달라져야 합니다. 즐겁게 일해야 합니다. 노래하며 휘파람을 불며 일해야 합니다.

무엇보다 이 땅에서 순례자로 사는 동안 그리스도인들은 성실하게 일해야 합니다. 때로는 불신자들이 맡겨진 일들을 신자인 우리보다 잘할 수 있습니다. 그러나 성실에 관한 한 우리는 불신자에게 지지 말아야 합니다. 3장 22절의 성실한 마음이란 희랍어에서 아플로테티 (aploteti) (aploos,아프루스)라는 단어가 사용됩니다. 이 말은 나누어지지 않은 마음, 집중하는 마음, 소위 'single heart'를 의미합니다. 주께서 맡기신 일이라면 잘하느냐 못하느냐를 떠나서 전력을 다하여 최선을 다할 수 있지 않겠습니까? 그것이 바로 성실입니다. 거장 미켈란젤로(Michelangelo)가 바티칸의 천정 벽화 '천지창조'를 오랜 시간을 들여 지나치게 세밀하게 그리는 모습을 보고 바티칸 관리였던 그의 친구가 여기서는 아무것도 보이지 않는데 그렇게까지 공을 들일 필요가 있는가라고 물었습니다. 그러자 그는 빙그레 웃으면서 손가락으로 천정을 가리키며 "저분이 보시고 있지 않은가"라고 대답했다고 합니다. 성실은 그리스도인들의 트레이드 마크가 되어야 합니다.

일의 보상을 주님께 기대하고 일해야 합니다

우리가 종종 우리의 일터에서 최선을 다하려고 하면 어디선가 다가와 김 빼기 작전을 하는 동료들이 있습니다. "자네 그렇게 일한다고 누가 알아주는 사람 있는 줄 아나?" 혹은 "그렇게 일한다고 월급이라도 올라 갈 줄 아는가?" 그러나 성경은 어떻게 말합니까? 다시 본문 24절을 보십시오. "이는 기업의 상을 주께 받을 줄 아나니 너희는 주 그리스도를 섬기느니라." 상을 누가 주신다고요? 그렇습니다. 주님이십니다. 주께서 내 수고를 아십니다. 그리고 그분의 때에 그분이 반드시 보상하십니다. 그리고 그의 보상의 기준은 성실과 의입니다. 얼마나 마음을 다하여 성실하게 그리고 정당하고 반듯하게 행했느냐는 것입니다. 25절을 보십시오. "불의를 행하는 자는 불의의 보응을 받으리니 주는 사람을 외모로 취하심이 없느니라." 그러므로 사람들이 알아주든 알아주지 못하든 궁극적인 일의 평가를 주께 맡기고 주님의 상급 주심을 믿고 일해야 합니다. 이 세상에서 보상이 주어지지 않을 수도 있습니다. 그러나 저 세상에서라도 반드시 우리의 행한 바에 합당한 보상이 주어질 것입니다. 그것이 바로 달란트 비유의 교훈이 아닙니까?

저는 한 중소기업에서 일하며 한때 동료의 잘못을 대신 뒤집어쓰고 괴로워하던 분을 알고 있습니다. 그때마다 아내의 말이 그에게 큰 용기를 주었다고 합니다. "여보, 하나님이 아셔요. 그리고 저도 알고요." 그 회사 사장님이 손실의 원인이 그에게 있다고 오해하고 있는 상황에서 한마디만 하면 살 수 있었지만 그렇게 하면 다른 동료가 사표를 써야 할 일이 발생하기 때문에 계속 침묵으로 일관했다고 합니다. 그러나 더 이상 침묵할 수 없는 상황에 몰리자 그는 사장님 책상 위에 메모 한 장을 놓았다고 합니다. "사장님, 저에게 책임이 있다고 판단하신다면 제가 모든 책임을 지고 사직할 수도 있습니다. 그러나 사장님께서 저를 늘 신뢰해 주셨던 것처럼 금번 일도 더 이상의 책임 추궁을 하지 말아 주시고 저를 믿어 주실 수 없겠습니까? 저의 침묵을 저의 결백으로 믿어 주십시오. 저의 하나님이 모든 것을 아십니다." 결국 후일 일의 전모가 드러났고 그는 창업주의 신뢰 속에 그 회사를 인수 받게 되었습니다. 그분이 지금도 사용하는 명함에는 다음과 같이 쓰여 있습니다. "하나님이 모든 것을 아십니다." (God knows All)

저는 오늘의 말씀을 백설 공주 이야기로 시작했습니다. 이 이야기에서 일의 모범을 보인 것은 비단 백설 공주뿐이 아니었습니다. 사실 이 이야기의 또 다른 주인공들인 난쟁이들은 오늘의 개념으로 말하자면 장애인들이라고 할 수 있습니다. 그럼에도 불구하고 그들까지도 그들의 노동의 현장인 광산에서 그들의 장애를 극복하고 성실하게 노동하는 모습을 보여 주고 있습니다. 난쟁이들의 노래를 기억하십니까?

> 땅을 파는 것이 우리가 좋아하는 일이지요.
> 금방 부자가 되는 비결이지요.
> 삽이나 곡괭이로 땅을 파요. 광산에서 광산에서
> 무수한 다이아몬드가 빛나는 곳에서 우리는 땅을 파요.
> 아침 일찍부터 밤까지 우리는 땅을 파요.
> 보이는 건 모두 파지요. 우리는 다이아몬드를 많이 파지요.
> 수천 개 때로는 루비도…
> 우리가 왜 보석을 파는지는 몰라도.
> 우리는 땅을 파요. 헤이 호 헤이 호
> 헤이 호 헤이 호 일을 마치고 집으로 간다. 헤이 호 헤이 호.

아름다운 가사지만 한 가지 딱 맘에 들지 않는 곳이 있습니다. "우리가 왜 보석을 파는지 모른다"는 대목입니다. 우리는 이 가사를 이렇게 바꾸어 노래할 수 있어야 합니다. "우리는 왜 땅을 파는지 왜 보석을 캐고 있는지 알아요. /다 하나님의 영광을 위해서이지요. 그리고 내 가족과 내 이웃을 위해서 이지요. /그래서 우리는 즐겁게 기대하는 맘으로 휘파람을 불며 일터로 나아가요."

　우리는 모두 출근하는 것을 흥분된 맘으로 기다릴 수 있어야 합니다. 가정에서 그리고 직장에서 힘써 성실하게 일할 그 보람 있는 땀 흘림을 위해서 말입니다. 우리는 그런 분을 가리켜 평신도 선교사라고 부릅니다. 셀 교회의 진정한 비전과 목표도 이런 일꾼들을 만들어 내는 것입니다.

 방 | 향 | 질 | 문

1. 당신의 직장 생활을 성경적 관점으로 평가해 보십시오.
2. 직장 생활에서 달라져야 할 행동이나 마음 자세는 무엇입니까?

"이 일 후에 내가 보니 하늘에 열린 문이 있는데 내가 들은 바 처음에 내게 말하던 나팔 소리 같은 그 음성이 이르되 이리로 올라오라 이 후에 마땅히 일어날 일들을 내가 네게 보이리라 하시더라 내가 곧 성령에 감동되었더니 보라 하늘에 보좌를 베풀었고 그 보좌 위에 앉으신 이가 있는데 앉으신 이의 모양이 벽옥과 홍보석 같고 또 무지개가 있어 보좌에 둘렸는데 그 모양이 녹보석 같더라 또 보좌에 둘려 이십사 보좌들이 있고 그 보좌들 위에 이십사 장로들이 흰 옷을 입고 머리에 금관을 쓰고 앉았더라 …이십사 장로들이 보좌에 앉으신 이 앞에 엎드려 세세토록 살아 계시는 이에게 경배하고 자기의 관을 보좌 앞에 드리며 이르되 우리 주 하나님이여 영광과 존귀와 권능을 받으시는 것이 합당하오니 주께서 만물을 지으신지라 만물이 주의 뜻대로 있었고 또 지으심을 받았나이다 하더라"(계 4:1-4, 10-11).

chapter 16

영원한 예배

헨리 워드 비쳐(Henry Ward Beecher)라는 유명한 설교자가 뉴욕의 큰 교회에서 주일 설교를 하게 되자 그 교회는 이 사실을 대대적으로 홍보하였다고 합니다. 그러나 막상 설교 직전에 갑작스런 질병으로 못 오게 되자 헨리 워드 비쳐는 교회와 의논하여 그의 동생인 토마스 비쳐(Thomas Beecher)를 대신 주일 설교자로 보내게 되었습니다. 주일 아침 헨리 워드 비쳐가 올 것을 기대한 이 교회는 그야말로 초만원 사례를 이루었습니다. 예배가 시작되고 설교 순서가 되어 담임 목사가 사정을 설명하고 토마스 비쳐를 소개하자 여기저기서 웅성거리며 여러 교인들이 일어나서 나가는 모습을 보았습니다. 그러자 토마스 비쳐는 이런 유명한 말로 설교를 시작했다고 합니다. "저의 형님이 갑작스런 병환으로 오늘 이 예배에 못 오게 됨을 제가 대신 사과드립니다. 그러나 오늘 저는 특별한 광고를 드리고 말씀을 증거할까 합니다. 지금 예배 중간에 일어나고 계신 분들 말고 혹시 또 헨리 워드 비쳐를 예배하기 위해 오신 분들이 계시다면 지금 이 시간에 다 퇴장해 주시면 감사하겠습니다. 왜냐하면 우리는 오늘 헨리 워드 비쳐가 아닌 하나님을 예배하기 위하여 이 자리에 모였기 때문입니다." 장내는 조용해졌고 그날의 예배에는 특별한 성령의 기름 부으심이 있었다고 합니다.

도대체 예배는 무엇이며 왜 우리 그리스도인들은 매주 예배에 참여하는 것입니까? 이 질문에 대한 해답을 본문에서 구하고자 합니다. 요한계시록 4장과 5장은 하늘나라의 커튼을 잠깐 열고 하늘나라에서 진행되는 예배 광경을 보여주고 있습니다. 우리는 여기서 예배의 영광을 접할 수 있습니다. A.W. 토저(A. W. Tozer)는 "그리스도인들의 모든 실패는 예배의 영광을 경험하지 못한데서 기인한다"고 역설했습니다. 오늘 우리는 참된 예배의 정의를 통해 예배의 영광을 알아보고자 합니다. 도대체 예배란 무엇입니까?

예배는 하나님의 임재를 경험하게 하는 사건

제가 다른 교회의 집회를 인도하는 동안 어느 평신도가 자신의 교회 예배에 대해 불만을 말하면서 했던 한마디가 잘 잊혀지지 않습니다. "목사님, 저는 예배할 때 하늘 문이 열리는 것을 보고 싶습니다." 그런데 오늘의 본문의 천상 예배는 그렇게 시작하고 있습니다. 본문의 배경을 이해하기 위해 우리는 요한계시록 1장 10절 말씀을 먼저 읽을 필요가 있습니다. 사도 요한이 전도를 하다가 밧모 섬에 유배되었는데 주일에 그가 하나님을 예배하기 위해 엎드렸을 때의 일입니다. "주의 날에 내가 성령에 감동되어 내 뒤에서 나는 나팔 소리 같은 큰 음성을 들으니." 그리고 다시 본문 4장 1절을 보십시오. 무슨 일이 일어났습니까? "이 일 후에 내가 보니 하늘에 열린 문이 있는데…." 본문의 상황을 정리하면 이렇습니다. 유배 생활을 하면서도 예배의 갈망을 지닌 사도 요한이 주일에 하나님을 예배하기 위해 주님 앞에 엎드렸습니다(그가 하나님을 예배하던 굴이 밧모 섬에 보존되어 있습니다). 그 순간 성령님의 감동이 있었습니다. 나팔 소리 같은(자장가가 아니라) 주의 음성이 들려옵니다. 그리고 그는 하늘 문이 열리는 것을 봅니다. 4장 1절에 의하면 다시 하나님의 음성이 들려옵니다. 그리고 2절에서 사도 요한은 하늘의 보좌를 보고 보좌에 앉으신 하나님을 봅니다. 저는 한마디로 이것을 하나님의 임재 체험이라고 말하고 싶습니다.

한 기독교 심리학자는 예배자의 행복을 어린 아기가 엄마의 풍성한

젖꼭지를 물고 행복에 잠긴 것에 비유한 일이 있었습니다. 아기가 엄마의 임재를 확인하고 엄마에 의해 자신의 필요가 공급되면서 만족해하며 행복에 겨워하는 표정을 연상해 보십시오. 그것이 바로 예배의 영광인 것입니다. 우리가 이런 예배를 드리기 위해서는 무엇보다 준비가 필요합니다. 예배를 갈망하는 마음, 하나님 앞에 엎드리는 자세, 그리고 하나님의 음성 듣기를 사모하는 마음은 예배자의 필수 덕목입니다. 본문이 예배자에게 요구하는 가장 중요한 덕목이 바로 이것입니다. 저는 본문 직전의 3장 22절이야말로 참된 예배의 가장 중요한 하나님의 요구라고 생각합니다. "귀 있는 자는 성령이 교회들에게 하시는 말씀을 들을지어다" 그렇습니다. 참된 예배는 하나님의 풍성한 임재를 체험하며 그의 말씀 안에서 우리의 존재가 녹아내리는 행복입니다. 우리 모두 이런 행복을 주일마다 아니 모든 예배의 순간마다 체험하시기를 바랍니다.

예배는 하나님의 가치를 인정하는 엎드림

저는 예배를 이해하는 키워드가 바로 '가치'라는 단어라고 믿습니다. 예배(Worship)는 'Worth(가치)'라는 단어에서 유래했습니다. 4장 10-11절을 보면, 신·구약 시대의 예배자를 대표하는 이십사 장로가 보좌에 앉으신 하나님 앞에 엎드리며 이렇게 고백합니다. "우리 주 하나님이여 영광과 존귀와 권능을 받으시는 것이 합당하오니…" 여기서 '합당하오니'라는 말은 영어로는 'Worthy' 즉 '가치가 있다'는 말입니다. 왜 하나님께서 우리에게 예배를 받으실만한 가치가 있으십니까? 11절을 계속 보시면 그가 만물의 창조자요 통치자이시기 때문입니다. 지금 사도 요한은 창조의 엄청난 신비를 묵상하며 그 앞에 엎드리고 있는 것입니다. 인간의 과학으로도 아직 그 지극히 적은 일부분밖에 탐구 못한 창조의 경외감이야말로 우리가 그 앞에 엎드릴 수밖에 없는 이유인 것입니다.

요한계시록 5장을 보면 창조자 하나님에게서 구속자이신 성자 하나님에게로 초점이 옮겨감을 알 수 있습니다. 5장 8절을 보십시오. "그 두루마리를 취하시매 네 생물과 이십사 장로들이 그 어린 양 앞에 엎드려…." 누구 앞에 엎드렸습니까? 그렇습니다. 어린 양 되신 예수님 앞에 엎드렸습니다. 그렇다면 왜 그랬을까요? 다시 12절을 보십시오. "큰 음성으로 이르되 죽임을 당하신 어린 양은 능력과 부와 지혜와 힘과 존귀와 영광과 찬송을 받으시기에 합당하도다 하더라." 여기도 '합당하도다'라는 단어가 나옵니다. 그는 예배 받을 가치가 충분하십니다. 왜요? 그가 바로 세상 죄를 지고 가는 하나님의 어린 양으로 오셔서 우리를 위해 죽임을 당하셨기 때문입니다. 이 세상에 누가 당신을 위해 대신 죽어 줄 수 있을까요? 그런데 예수께서 속죄의 어린 양이 되사 우리 위해 죽으셨다는 것입니다. 이 속죄의 신비, 구속의 신비로 인해 지금 요한은 엎드려 성자 하나님을 예배하는 것입니다. 그래서 4장 10절에 보면 이십사 장로들은 예배하며 자기의 면류관을 벗어 주께 드립니다. 오직 그분만이 예배 받기에 합당하시기 때문입니다. 그래서 참된 예배에는 언제나 드림의 정신이 반영되어야 합니다. 예배를 드리고, 찬양을 드리고, 기도를 드리고, 사랑을 드리고, 헌금을 드리는 것입니다. 그분의 가치를 알기 때문입니다. 그것이 바로 예배입니다.

예배는 하나님의 품성을 닮게 하는 특권

본문 4절을 보십시오. "또 보좌에 둘려 이십사 보좌들이 있고 그 보좌들 위에 이십사 장로들이 흰 옷을 입고 머리에 금관을 쓰고 앉았더라." 여기 이십사 장로들은 신·구약시대를 대표하는 예배자들이라고 할 수 있습니다. 구약에 보면 하나님의 백성들을 대표하는 12지파가 등장합니다. 신약에는 12제자가 등장합니다. '12+12=24'입니다. 그런데 이들의 모습을 묘사하는 본문에는 두 가지 두드러진 특성이 등장합니다. 그들은 흰옷을 입었고 금 면류관을 썼다는 것입니다. 성경학자들은 흰옷이 거룩성을 상징하는 것이라면, 금 면류관은 영화를 상징하는 것이라고 말합니다. 이 두 가지 특성이야말로 하나님의 품성 혹은 속성이라고 할 수 있습니다. 하나님은 거룩하시고 영화로우십니다. 그런데 왜 이십사 장로들이 이 두 가지 품성을 가진 자로 등장합니까? 그들은 거룩하시고 영화로우신 하나님을 예배하며 거룩해지고 영화롭게 된 것입니다. 신학자들은 우리가 예수를 믿고 구원 받아 의롭게 되면 이제 우리에게는 두 가지 신학적인 혹은 신앙적인 과제가 남아 있다고 가르칩니다. 하나는 성화(sanctification)고 또 다른 하나는 영화(glorification)입니다. 여기 본문의 24장로들이 흰옷을 입었다는 것은 성화의 길을 걸었다는 것입니다. 그리고 이 성화의 완성의 상태가 바로 영화인 것입니다. 어떻게 이런 일이 24장로에게 가능했을까요? 그들이 거룩하시고 영화로우신 하나님을 바라보고 살았기 때문입니다. 이것을 우리는 '바라봄의 법칙'이라고 합니다. 우리는 바라보는 대상을 닮습니다. 부부가 서로 닮은 이유, 자녀가 부모를 닮는 이유는 서로 바라보고 살기 때문입니다. 예배는 하나님을 바라보는 일입니다. 우리는 거룩하신 하나님을 예배함으로써 하나님을 닮을 수 있습니다. 그것은 하나님의 기대이기도 합니다. 그분은 "내가 거룩하니 너희도 거룩하라"고 말씀합니다. 사랑하는 여러분, 우리가 어느 날 하나님을 닮아 거룩하고 영화로운 모습으로 주 앞에 설 때 주께서 얼마나 우리로 인해 기뻐하실까요? 거룩해지려고 몸부림치지 마십시오. 몸부림이 거룩을 실현해 내지 못합니다. 단순하고 진지한 예배자가 되십시오. 그때 우리는 우리 영혼 속에 각인된 거룩함과 영화로움으로 주 앞에 서게 될 것입니다. 그것이 바로 예배의 영광입니다.

예배는 하나님의 인도를 경험하게 하는 축복

요한계시록 5장 14절에서 천상의 예배가 마무리 되고 있습니다. 예배는 "아멘"으로 끝납니다. 그러나 이것으로 예배가 종결된 것은 아닙니다. 계시록 4-5장에서 사도 요한은 천상의 예배를 목도하고 있었습니다. 그런데 계시록 6장에서 요한은 다시 지상의 광경들을 목도하게 됩니다. 하나 하나의 인봉이 열리면서 전쟁, 기근, 질병으로 가득한 세상이 보입니다. 이런 계시록의 구조가 우리에게 시사하는 바가 무엇일까요? 특별히 예배와 관련하여 무엇을 우리에게 가르치고 있습니까? 우리가 하나님을 예배하고 나아갈 세상을 가르치고 있는 것이 아닙니까? 우리가 신령과 진정으로 하나님을 예배하고 나아간다면 우리는 이 세상을 두려워할 필요가 없다는 사실 말입니다. 요한계시록 7장 17절의 말씀을 우리는 특별히 주목할 필요가 있습니다. "이는 보좌 가운데에 계신 어린 양이 그들의 목자가 되사 생명수 샘으로 인도하시고 하나님께서 그들의 눈에서 모든 눈물을 씻어 주실 것임이라." 방금 전까지 보좌에서 예배를 받으시던 어린 양이 이제 목자가 되사 거친 세상길을 걷는 우리 곁에 서서 우리의 눈물을 씻어 주시고 우리를 생명수 샘물로 인도하시고 있는 것을 보십시오.

그분은 예배만 받으시는 분이 아닙니다. 그분은 예배하는 우리를 인도하시기 위해 이제 목자로서 우리 앞에 서서 우리를 이끌어 주십니다. 예배가 끝난 후 우리 손을 잡고 문제와 갈등이 있는 우리들의 가정, 직장, 사업장 그리고 고단한 세상 광야를 함께 걸어가 주시겠다는 것입니다. 이것이 바로 예배의 축복이요 예배의 영광인 것입니다.

제2차 세계대전이 발발했을 때 대영제국의 국민들은 깊은 절망과 불안 그리고 두려움에 사로잡혔습니다. 전쟁에는 승산이 없어 보였고 나치 독일의 점령은 시간문제로 보였습니다. 이런 상황 속에서 대영제국의 지도부는 선전포고를 하게 됩니다. 영국이 독일을 대항하여 개전을 선언하면서 윈스턴 처칠(Winston Churchill)은 당시 성공회의 존경받는 주교였던 윌리엄 템플(William Temple)에게 대국민 연설을 부탁합니다. 같은 날 대국민 메시지를 하면서 윌리엄 템플은 이렇게 연설을 시작했다고 합니다. "대영국 제국의 국민 여러분, 지금은 우리가 하나님을 예배할 때입니다. 전쟁은 큰일입니다. 그러나 예배는 더 큰일입니다. 만일 우리 국민이 이와 같은 때에 진정 하나님을 예배할 수 있다면 그리고 하나님을 바라보고 그 하나님이 우리와 함께하는 것을 믿을 수 있다면 전쟁은 결코 큰일이 아닙니다. 그리고 우리는 능히 우리가 예배한 하나님의 도우심으로 이 전쟁을 승리할 것입니다." 그 이튿날 주일 영국의 모든 교회는 종을 울렸고 교회마다 예배를 드리러 오는 사람들로 인산인해를 이루었습니다. 그리고 과연 대영제국은 치열한 전선에서 버티고 견디어냈고 마침내 승리할 수가 있었습니다. 이것이 또한 예배의 영광이었던 것입니다.

 방 | 향 | 질 | 문

1. 당신의 예배 생활을 성경적으로 평가해 보십시오.
2. 앞으로 예배 생활에서 달라져야 할 것은 무엇입니까?

"그때에 네 민족을 호위하는 큰 군주 미가엘이 일어날 것이요 또 환난이 있으리니 이는 개국 이래로 그때까지 없던 환난일 것이며 그때에 네 백성 중 책에 기록된 모든 자가 구원을 받을 것이라 땅의 티끌 가운데에서 자는 자 중에서 많은 사람이 깨어나 영생을 받는 자도 있겠고 수치를 당하여서 영원히 부끄러움을 당할 자도 있을 것이며 지혜 있는 자는 궁창의 빛과 같이 빛날 것이요 많은 사람을 옳은 데로 돌아오게 한 자는 별과 같이 영원토록 빛나리라 다니엘아 마지막 때까지 이 말을 간수하고 이 글을 봉함하라 많은 사람이 빨리 왕래하며 지식이 더하리라"(단 12:1-4).

chapter 17
영원한 스타

기독교 교리는 4개의 큰 기둥을 가지고 있습니다. 첫째는 창조의 교리, 둘째는 타락의 교리, 셋째는 구속의 교리, 그리고 넷째는 종말의 교리입니다. 소위 기독교 세계관은 이 4개의 교리 위에 그 집을 짓고 있습니다. 그런데 그중에서 가장 사람들에게 오해를 받고 심지어 이성적인 교인들에게서조차 쉽게 수용되지 못하는 교리가 바로 종말의 교리입니다. 종말의 교리가 오해되는 가장 큰 이유는 아마도 극단적 종말론자들에 의한 종말의 해프닝들 때문이라고 할 수 있습니다. 기억에도 선명한 지난 2000년대에 역사가 근접하면서 발생했던 다미 선교회 사건, 다베라 선교회 사건 등은 우리로 하여금 더욱 이 종말의 교리를 수용하기 어렵게 만듭니다.

그럼에도 불구하고 기독교가 종말론적 종교라는 것은 변할 수 없는 기독교의 본질이라는 사실입니다. 시작이 있으면 종말은 당연한 것이고, 알파가 있으면 오메가가, 처음이 있으면 마지막은 필연적으로 도래할 수밖에 없는 것입니다. 문제는 그 마지막의 의미를 바르게 이해하고 바르게 준비하는 것입니다. 많은 분들이 상상하는 것처럼 성경에서의 종말은 반드시 파괴적인 이미지만 갖고 있는 것은 아닙니다. 성경에서 종말이 온다는 것은 오히려 심판을 넘어선 역사 완성과 인생 완성의 의미를 갖고 있습니다. 그러므로 종말론을 바르게 이해하는 것은 신앙 생활의 핵심적 열쇠라고 할 수 있습니다. 우리가 하루를 살았다는 것은 그만큼 종말에 더 가깝게 다가선 것을 의미합니다. 성경이 종말의 징후를 예언하면서도 종말의 시간을 비밀에 감추신 이유는 우리로 하여금 날마다 종말을 사는 심정으로 준비하고 살도록 하기 위해서입니다. 그러므로 극단적 종말론자들의 해프닝 때문에 기독교 신앙의 본질을 피해가는 우를 범해서는 안 됩니다. 가짜가 많다는 것은 진짜가 존재한다는 역설이기도 합니다. 진짜 다이아몬드가 없다면 누가 가짜를 만들어 내겠습니까? 우리의 진짜 신앙은 진짜 종말론의 진리 앞에 설 때에만 비로소 가능한 것을 잊지 말아야 합니다. 지난 날 우리가 자랑스러워하는 신앙의 선배들의 한 가지 공통점이 있다면 그들 모두가 임박한 예수님의 재림과 종말을 묵상하고 심판의 교리를 수용한 후에야 비로소 놀라운 믿음의 삶을 펼쳐 갈 수가 있었다는 것입니다.

오랜 옛날(주전 537년경) 이미 다니엘 선지자는 그가 받은 계시를 통해 종말의 징후와 종말의 인생 그리고 이 종말의 시대가 기다리는 스타 탄생을 계시하고 있습니다. 그때 다니엘은 바벨론에서 포로된 자였습니다. 그러나 그는 포로였음에도 하나님의 특별한 섭리로 바벨론을 이끄는 지도자로 등용되었고, 마침내 그는 하나님의 계시를 받아 하나님의 백성들의 역사적 운명 특히 그들의 종말론적 미래를 예언하게 됩니다. 그렇다면 다니엘의 계시를 통해 우리가 생각해야 할 종말의 교훈은 무엇일까요?

마지막 종말의 임박한 징후

오늘의 본문에서 다니엘이 예언한 종말의 가장 강력한 징후는 두 가지입니다. 하나는 커뮤니케이션의 발달과 그에 따른 지식의 증가이고 또 하나는 역사에 유례가 없었던 세계적 환난의 도래입니다. 먼저 4절을 보면 "다니엘아 마지막 때까지 이 말을 간수하고 이 글을 봉함하라 많은 사람이 '빨리 왕래하며'(커뮤니케이션) 지식이 더하리라"고 기록하고 있습니다. 오늘 우리는 우리가 살고 있는 시대를 정보화의 시대, 지식화의 시대라고 부르고 있지 않습니까? 오늘 우리는 컴퓨터의 클릭 한 번으로 전 세계 사람들과 왕래하며 지식을 유통하는 시대에 살고 있지 않습니까?

여러분, 생각해 보십시오. 놀라운 사실은 지금으로부터 약 2,500년 전 한 마을과 한 마을의 교통조차 자유롭지 못하던 때에 온 세상 사람들의 왕래가 이루어지고 지구촌의 모든 사람들이 한 마을 사람들처럼 지식을 공유하는 시대가 올 것을 예언했다는 사실입니다. 어떤 성경학자들은 여기 다니엘이 이 말씀을 예언하며 이 말을 마지막 때까지 봉함하라고 한 이유가 종말 이전 시대에는 이 예언을 공개한다 해도 이해하지 못하리라는 사실 때문이었다고 지적합니다. 그렇다면 우리가 오늘 이 말을 이해하게 된 사실이 이미 우리가 종말의 시대에 들어선 것을 의미하지 않습니까?

또 하나의 종말의 징조로 예언된 것은 세계적 환난의 도래입니다. "그때에 네 민족을 호위하는 큰 군주 미가엘이 일어날 것이요 또 환난이 있으리니 이는 개국 이래로 그때까지 없던 환난일 것이며"(1절). 여기서 말하는 그때는 11장 마지막 구절에 의하면 적 그리스도의 멸망의 때요, 동시에 메시아 되신 예수 그리스도의 다시 오심의 때이기도 합니다. 그때에 개국 이래로 없었던 환난을 그의 백성들이 경험할 것이라는 예언입니다. 우리 예수님도 그날을 예언하시지 않았습니까.

"이는 그때에 큰 환난이 있겠음이라 창세로부터 지금까지 이런 환난이 없었고 후에도 없으리라"(마 24:21). 사실 인류 문화의 발전에도 불구하고 역사의 미래는 그렇게 낙관적이 아님을 성경은 보여 주고 있습니다. 그래서 우리는 그때를 준비해야 한다고 성경은 가르칩니다.

마태복음 24장 44절의 주님의 경고를 들어보시겠습니까? "이러므로 너희도 준비하고 있으라 생각하지 않은 때에 인자가 오리라." 누가복음 21장 34-35절의 경고는 좀더 리얼합니다. "너희는 스스로 조심하라 그렇지 않으면 방탕함과 술 취함과 '생활의 염려'(표준역, 세상살이 걱정, 돈 걱정)로 마음이 둔하여지고 뜻밖에 그날이 덫과 같이 너희에게 임하리라 이날은 온 지구상에 거하는 모든 사람에게 임하리라." 글로벌 이코노미가 되어 버린 오늘 미국 월가에서 시작된 증시의 환난은 문자 그대로 지구상에 거하는 모든 국가에게 충격을 주고 있지 않습니까. 최근 이 땅의 주요 일간지의 화두를 소개해 볼까요. "세계 경제 운명의 주말", "세계 증시 대 추락", "세계 경제 대 공황오나?", "바닥 모르는 증시, 비상구 안 보인다", "미 증시 8,500선 붕괴-환율 시장 대 비명." 지금이야말로 깨어 일어날 때입니다. 종말의 경고를 읽어야 할 시간입니다.

본문에서 선지자 다니엘은 그날에 인류는 두 가지 종류의 인생으로 현저하게 나뉠 것이라고 예언합니다.

마지막 종말의 두 가지 인생

2절을 보면 "땅의 티끌 가운데에서 자는 자 중에서 많은 사람이 깨어나 영생을 받는 자도 있겠고 수치를 당하여서 영원히 부끄러움을 당할 자도 있을 것이며"라고 말합니다. 종말의 심판을 위해 부활되어 주님 앞에 서는 날 인생은 결국 두 가지로 나뉠 것이라는 것입니다. 더 이상 인생은 가진 자와 못 가진 자로 나뉘지 않습니다. 배운 자와 못 배운 자, 성공한 자와 실패한 자, 잘생긴 자와 안 생긴 자로 나뉘지도 않습니다. 오직 다음의 두 종류로 나누어집니다. 그것은 하나님 앞에서 영원한 수치를 당할 자와 영원한 생명을 누릴 사람입니다. 그렇다면 종말의 가장 중요한 질문은 무엇일까요? 그것은 당신이 영생을 얻었는지 얻지 못했는지에 관한 것입니다. 만약 영생을 얻지 못했다면 당신은 영원한 수치를 당할 것이고, 영생을 얻었다면 영원한 생명을 갖는 것입니다.

성경은 인류를 결코 하나의 운명으로 다루지 않습니다. 죽으면 모두 다 좋은 곳으로 가는 것이 아니라는 겁니다. 그것은 소위 세속적 휴머니스트들의 순진한 기대요 발상일 따름입니다. 인류는 둘 중의 하나입니다. 예수님의 말씀을 직접 들어 보십시오.

"아들을 믿는 자에게는 영생이 있고 아들에게 순종하지 아니하는 자는 영생을 보지 못하고 도리어 하나님의 진노가 그 위에 머물러 있느니라"
(요 3:36).

무슨 말입니까? 결국 인류는 예수님 믿고 영생 얻을 자, 아니면 예수님을 거절하고 진노 속에 멸망할 자, 둘 중 하나라는 말입니다. 간디까지 좋아했다는 소위 예수님의 산상수훈은 인류의 보편적 구원을 가르칠까요? 천만의 말씀입니다. 마태복음 7장 13-14절을 보십시오. "좁은 문으로 들어가라 멸망으로 인도하는 문은 크고 그 길이 넓어 그리로 들어가는 자가 많고 생명으로 인도하는 문은 좁고 길이 협착하여 찾는 자가 적음이라." 그러면 우리는 우리 자신에게 물어야 합니다. 우리는 사랑하는 우리의 가족들, 친지들, 친구들 그리고 이웃들을 그대로 멸망의 길, 그 넓은 길로 가도록 버려 두어야 할까요? 아니면 생명의 좁은 문, 좁은 길로 인도해야 할까요? 그래서 오늘의 본문에서 선지자 다니엘은 이제 이 종말의 시간에 등장할 스타들의 탄생을 예고하고 있습니다. 이 종말의 시간이 기다리는 하나님의 사람들은 누구일까요?

마지막 종말의 스타 탄생

먼저 본문 3절을 보겠습니다. "지혜 있는 자는 궁창의 빛과 같이 빛날 것이요 많은 사람을 옳은 데로 돌아오게 한 자는 별과 같이 영원토록 빛나리라." 여기 '별'이라는 단어가 등장합니다. 별이 바로 스타가 아닙니까? 지나간 유머 중에 '스타'는 스스로 타락한 사람이거나 스스로 타의 모범되는 사람, 둘 중의 하나였습니다. 누가 스스로 타의 모범이 되는 진정한 스타입니까? 최근 우리는 스타들의 환난 시대를 경험하고 있습니다. 스타들은 시대의 우상이지만 시대의 비극이기도 합니다. 스타들이 조금의 환난을 견디지 못하고 목숨을 쉽게 버리는 원인이 무엇 때문입니까? 물론 거기에는 여러 가지 원인이 복합적으로 작용했을 것입니다만 아마도 피해갈수 없는 한 가지 보편적 원인이 존재했을 것입니다. 그것은 바로 그들이 지금 누리는 인기의 지속성에 대한 불안입니다. 조금 악플이 뜨거나 안 좋은 소문이 돌기 시작하면 그들의 인기가 이제는 다했다고 느끼는 불안감. 그러나 진정한 스타는 한순간의 인기에 집착하는 사람들이 아닙니다. 오늘 본문에서 선지자 다니엘은 영원한 스타의 출현을 예고합니다.

그들은 누구입니까? 3절에 의하면 그들은 영원토록 빛나는 별들입니다. 영원한 스타들인 것입니다. 많은 사람들을 옳은 데로 돌아오게 하는 자, 다시 말해 많은 사람들을 하나님께로 돌아오게 하는 전도하는 사람들인 것입니다. 왜 그들이 종말 시대의 스타들이어야 할까요? 하나님께서 역사의 종말에 인류로 하여금 큰 환난을 지나가게 하시는 이유가 있습니다. 이 다가오는 큰 환난 속에서 우리는 그동안 우리가 붙들고 있었던 모든 것이 헛되고 헛된 것임을 보여 주시려는 것입니다. 그래서 그 헛된 환상을 포기하고 생명의 주인이신 하나님께로 사람들을 돌이키시고자 함인 것입니다. 증시의 폭락이 우리에게 주는 교훈이 무엇입니까? 우리가 믿고 있었던 화폐 가치가 헛되고 헛된 숫자놀음에 불과했다는 사실 아니었습니까. 사랑하는 사람들에게 무엇을 주시겠습니까? 솔로몬이 마지막에 고백한 헛되고, 헛되고, 헛된 재물입니까? 지식입니까? 인기입니까? 아니면 영원한 생명입니까? 이 영원한 생명으로 이웃들을 인도하는 일이야말로 종말의 시간에 우리가 해야 할 가장 중요한 일, 가장 중요한 준비인 것입니다.

그러나 우리 중에는 사랑의 하나님이 어떻게 하나님의 백성들에게도 여전히 이런 환난을 차별 없이 통과하도록 버려둘 수 있느냐는 질문을 하는 성도들이 있을 것입니다. 그럼 여기서 다시 다니엘의 대답을 들어보시겠습니다. "그때에 네 민족을 호위하는 큰 군주 미가엘이 일어날 것이요 또 환난이 있으리니 이는 개국 이래로 그때까지 없던 환난일 것이며 그때에 네 백성 중 책에 기록된 모든 자가 구원을 받을 것이라." 1절 말씀처럼 임박한 환난의 때에 하나님의 백성을 호위하는 큰 군주가 일어 날 것이라고 언약하십니다. 미가엘은 선한 천사들을 거느리는 대장으로, 그가 우리를 보호할 것이라고 약속하십니다. 1절의 마지막 부분에서처럼 그는 우리가 어떤 경우에도, 어떤 환난이나 시험 중에도 결코 우리가 우리의 구원을 잃어버리지 않도록 우리의 구원을 보장하시며 지키신다는 것입니다. 그러나 문제는 우리의 믿지 않는 가족들과 친지와 친구들입니다. 그리고 문제는 우리의 믿지 않는 이웃들입니다. 그들을 버려두시겠습니까? 그 영원한 수치의 길로 가도록, 그 영원한 멸망의 길로 가도록 말입니다. 아니면 그들을 옳은 길로, 주의 길로, 생명의 길로 인도하시겠습니까? 만일 우리의 전도 대상자들이 우리를 통해 복음을 들을 수 있다면, 그리고 그들이 주께 돌아올 수 있다면, 기억하십시오. 당신은 영원토록 빛나는 별이 되시는 것입니다. 하나님은 당신의 스타 탄생을 기다리십니다. 그리고 우리의 영원한 스타됨, 그것은 우리의 특권이요 동시에 거룩한 지상 순례의 책임인 것입니다.

 방 | 향 | 질 | 문

1. 당신은 마지막 종말의 두 가지 인생 곧 부끄러운 인생과 영생을 누릴 인생 중 어디에 속해 있습니까?
2. 영원한 스타로 살기 위해 오늘 무엇을 결심하십니까?

PART 4

Pursuit

영원을 향한 추구

영원한 우선순위 | 영원한 지금 | 영원한 가치 | 영원한 투자 | 영원한 감사 | 영원한 만족 | 영원한 동행

"우리를 시험에 들게 하지 마시옵고 다만 악에서 구하시옵소서 나라와 권세와 영광이 아버지께 영원히 있사옵나이다 아멘… 그런즉 너희는 먼저 그의 나라와 그의 의를 구하라 그리하면 이 모든 것을 너희에게 더하시리라" (마 6:13, 33).

chapter 18

영원한 우선순위

우리 시대를 풍자하는 말 중에 "인생은 짧고 할 일은 많다"는 말이 있습니다. 문자 그대로 오늘 날의 날로 분주해지는 인생을 묘사하는 말입니다. 자주 한꺼번에 여러 가지 일을 처리해야 할 상황을 만날 때마다 우리는 허둥지둥하며 어쩔 줄 몰라 하며 시간만 죽이고 있는 자신의 모습을 발견합니다. 우리 시대의 인기 있는 경영 컨설턴트요 베스트셀러 작가인 켄 블랜차드(Kenneth Blanchard)가 쓴 저서 중에

「굿바이 허둥지둥」이라는 책이 있습니다. 이 책의 주인공 밥은 '허둥지둥 팀장'이란 별명을 갖고 있습니다. 집에서는 딸의 댄스 경연회가 언제인지 아내가 무엇에 관심을 갖고 있는지도 모르는 무심한 사람이고, 직장에서는 매사에 의욕을 잃고 지각 잘하고 맡겨진 일들을 마감시한에 쫓겨서야 간신히 허둥지둥처리하는 사람입니다. 사장의 경고를 받고 그는 '최고 효율성 책임자'(Chief Effectiveness Officer)를 만나 수업을 받게 됩니다. 그녀와의 대면을 통해서 허둥지둥 팀장은 자기 인생의 최악의 문제가 우선순위의 문제임을 깨닫습니다. 그는 중요한 일에 대한 의식이 없이 이 일 저 일에 원칙 없이 매달리는 인생을 살고 있었던 것입니다. 결국 허둥지둥의 라이프스타일을 탈출하기 위해 그가 배워야 할 가장 중요한 일은 '우선순위'(priority)를 정할 줄 알아야 한다는 것이었습니다.

그런데 예수님께서는 지금으로부터 이천년 전 산상수훈의 교훈을 통해서 이미 이 우선순위의 중요성을 가르쳐 주셨습니다. "너희는 먼저 그의 나라와 그의 의를 구하라" 여기 이 말씀에서 사용하신 '먼저'(proton, first)라는 단어가 바로 우선순위를 강조하는 말씀이지요. 요즘 말로 하면 "First things first"입니다. 그리고 이 말씀에서 예수님은 그리스도인의 우선순위는 하나님의 나라이어야 한다고 말씀하십니다. 한 사람이 예수님을 구주와 주님으로 믿는 순간 그는 하나님의 자녀가 되고 하나님 나라의 백성이 됩니다. 그렇다면 이제 그는 그 순간부터 하나님의 나라를 위해 살아가는 사람이 되어야 한다는 것입니다. 이 세상 나라들은 다 순간적인 것에 불과하고 그 나라에 속한 모든 것은 사라질 것들이지만 하나님의 나라만이 영원한 나라이기 때문입니다. 올림픽 사상 가장 많은 돈을 투자한 올림픽이 2008년 중국 올림픽이었다고 합니다. 그런데 한 문화평론가는 베이징 올림픽의 개·폐회식에 대한 평가를 통해 '거대한 열등감의 발로'라는 소감을 남기기도 했습니다. 결국 사라질 헛된 것을 거대하게 포장하여 과시해 보려는 중국의 몸부림에 불과했다는 것입니다.

오늘의 본문 마태복음 6장 13절은 소위 예수님이 가르치신 주기도의 마지막 부분입니다. 잘 아시는 대로 주기도의 중요한 기도 제목의 하나는 "나라가 임하시오며"입니다. 하나님의 통치가 이 땅의 현실 속에 임하도록 기도하라는 말입니다. 그러면서 본문은 이 주기도를 마무리하는 대목인 13절에 "나라와 권세와 영광이 아버지께 영원히 있사옵나이다"라고 기도하라는 권면으로 끝나고 있습니다. 우리의 아버지 하나님이 영원하신 분이시기에 그가 다스리는 나라는 영원하며 그의 권세도 영원하고 그 나라의 영광도 영원하다는 것입니다. 세상 나라들은 아무리 힘 있는 나라도 역사 속에서 결국은 다 소멸되어 갔지만(애굽, 바벨론, 바사, 그리스, 로마) 오직 하나님의 나라만이 영원하다는 것입니다. 참으로 영원한 하나님 나라의 백성이 되어 그 나라를 위해 살아가는 일은 얼마나 자랑스러운 일인지요.

2008년 중국 베이징 올림픽에서도 우리나라를 대표하는 선수들이 금메달을 따고 국가가 연주될 때 우리는 얼마나 감동을 했던가요? 그런데 그중 적지 않은 선수들이 단순히 대한민국만이 아닌 이 영원한 나라인 하나님의 나라를 대표하고 있었다는 것은 또 얼마나 우리 그리스도인들에게 자부심을 안겨다 주는 일이었습니까?(태능 선수촌 기독 신우회의 발표에 의하면 베이징 올림픽 총 금메달 15개 중 6개, 전체 메달 31개 중 14개가 그리스도인 선수들에 의한 것-유도 최민호, 수영 박태환, 사격 진종호, 태권도 황경선, 역도 사재혁 등) 아무래도 우리 그리스도인들을 대표적으로 감동시킨 것은 역도 장미란의 마지막 기도 세레모니였을 것입니다. 그녀는 이런 기도 세레모니로 하나님께 영광을 돌리고자 했을 것입니다. 그것은 나름대로 그녀가 하나님의 나라에 영광을 바치는 삶의 방식이었던 것입니다. 그런데 정말 오늘 본문에서 주께서 의도하신 주의 제자들이 하나님 나라의 우선순위를 구하는 삶의 방식은 무엇이었겠습니까? 오늘 저는 그 영원한 나라의 영광을 미래가 아닌 오늘의 현실 속에서 드러내고 살 수 있느냐를 생각해 보고자 합니다. 하나님의 나라를 드러내는 삶의 방식, 이 두 가지만 생각해 보겠습니다.

예배의 우선순위를 갖고 살아가야 한다

오늘 본문의 산상수훈에서 예수님께서 하나님 나라의 삶의 방식으로 어떤 유형의 삶을 말씀하고 계시는지를 주목해 보십시오. 주님은 세상 나라의 삶의 가장 중요한 관심이 먹고 마시고 입는 문제라고 지적하십니다. 실제로 사람들의 끊임없는 염려는 무엇을 먹을까, 무엇을 마실까, 무엇을 입을까가 아닙니까? 그런데 예수님께서 마태복음 6장 32절에서 이런 라이프스타일에 대하여 어떻게 말씀하십니까? "이는 다 이방인들이 구하는 것이라"고 하십니다. 그러면 그리스도인들은 먹고 마시고 입지 않는다는 말입니까? 물론 아닙니다. 그리스도인도 먹어야 살고, 마셔야 살고, 입어야 사는 존재들입니다. 그러나 그리스도인의 삶은 달라야 한다는 말씀입니다. 본래 본문 33절은 32절의 이방인의 삶과 달라야 한다는 뜻에서 '그러나' (그런즉, But, 희랍어 de)라는 접속사로 시작합니다. 그리스도인의 가장 중요한 관심은 먹고 마시고 입는데 있지 않아야 한다는 것입니다. 그보다는 더 중요한 관심의 지배를 받고 살아야 한다는 것인데, 바로 그 더 중요한 관심이란 하나님의 나라에 대한 관심이어야 한다는 것입니다. 자, 그러면 그것을 어떻게 세상에 나타내며 살아갈 수 있겠습니까?

예를 하나 들어 보겠습니다. 어느 주일에 갑자기 떼돈을 벌 일이 생겼다고 가정해 봅시다. 하지만 우리는 이 날이 주를 위해 구별된 날로써 주님을 경배해야 한다는 것을 잘 알고 있습니다. 그럼에도 불구하고 당신이 돈을 벌기 위해 주일을 포기했다면, 당신의 우선순위는 하나님이 아니라 돈입니다. 즉 당신은 맘몬교의 신도이며 본질적으로 돈을 예배하는 사람인 것을 증명하는 것입니다. 그러나 당신이 떼돈을 벌 기회를 포기하고 주님을 경배하는 편을 선택했다면, 당신의 우선순위는 하나님이며 하나님의 사람임을 증명하는 것입니다. 그것이 바로 마태복음 6장 24절의 교훈의 핵심입니다.

"한 사람이 두 주인을 섬기지 못할 것이니 혹 이를 미워하고 저를 사랑하거나 혹 이를 중히 여기고 저를 경히 여김이라 너희가 하나님과 재물을 겸하여 섬기지 못하느니라"

실제로 우리는 예배를 영어로 'worship'이라고 합니다. 이 단어의 어근은 'worth'로서 '가치'라는 뜻을 가지고 있습니다. 즉 예배는 우리의 가치가 어디에 있는가를 보여 주는 일이라는 것입니다. 당신이 전심을 다하여 무엇보다 먼저 하나님을 예배한다면 당신의 우선순위는 분명히 하나님이십니다. 그래서 예배의 우선순위는 중요한 것이고 우리의 신앙의 선배들은 주일 성수의 전통을 신앙의 중요한 습관으로 삼았던 것입니다. 사실은 주일 성수가 중요한 것이 아니라, 예배의 우선순위가 중요한 것입니다.

이방인들이 먹고 마시고 입기 위해 사는 사람들이라면, 우리 그리스도인들은 우리 삶의 주인되신 하나님을 경배하기 위해서 먹고 마시고 입어야 하는 것입니다. 그렇습니다. 우리도 먹습니다. 그러나 우리는 먹기 위해 먹는 것이 아니라, 예배하기 위해 먹습니다. 마시기 위하여 마시는 것이 아니라 예배하기 위해 마십니다. 입기 위하여 입는 것이 아니라 예배하기 위해 입는 자들인 것입니다. 그리고 이런 예배로 우리는 하나님 나라를 구하는 자들임을 증명하는 것입니다. 이런 예배의 우선순위를 놓치지 않는 인생, 그것이 저와 여러분의 인생이 되도록 구하시기 바랍니다.

하나님의 의를 드러내는 삶을 우선적으로 추구해야 한다

오늘의 본문에서 예수님께서는 우리가 하나님 나라를 구할 뿐만 아니라 하나님의 의를 구하라고 가르치십니다. 왜냐하면 의야말로 하나님 나라의 본질이기 때문입니다. 하나님 나라의 통치자이신 하나님이 의로우신 분이시기 때문입니다. 우리가 하나님의 아들이신 예수님을 믿는 순간 성경은 우리가 죄 사함을 받을 뿐 아니라 '의롭다함'(칭의, justified)을 받는다고 가르칩니다. 그리고 우리가 의롭다 함을 받았다는 것은 단순히 선언적인 의미만 있는 것이 아니라, 의롭게 살아가는 삶의 시작이어야 한다고 가르칩니다. 제가 섬기는 레노바레 운동을 지도하는 달라스 윌라드(Dallas Willard) 박사는 오늘의 기독교가 이렇게 많은 신자를 가지고도 세상에 영향을 끼치지 못하는 원인을 그의 명저 「하나님의 모략」에서 이렇게 지적합니다. "오늘의 그리스도인들이 죄 사함을 위해서는 예수님을 믿으면서도 새 인생을 위해서는 예수님을 믿지 않고, 천국에 들어가기 위해서는 예수님을 믿으면서도 천국을 살기 위해서는 예수님을 믿지 않기 때문이다. 또한 사후의 삶을 위해서는 예수님을 믿지만 오늘의 삶을 위해서는 예수님을 믿지 못하는 때문이다." 그러므로 그는 참 성경적 신앙은 용서 이상의 신앙이어야 하고 천국에 들어감을 보장하는 보험 이상의 신앙이어야 한다고 우리에게 도전합니다. 그는 심지어 입만 열면 보혈을 통한 죄사함을 간증하면서도 지금 여기서 생명이신 그리스도에게 순종하여 살 생각이 없는 그리스도인들을 '뱀파이어 크리스천' (잊혀진 제자도, p34 참고)이라고 말하기도 합니다.

구체적으로 어떤 성도들이 하나님의 의를 구하는 성도들일까요? 잠깐 제가 아는 두 분의 성도님들을 소개하고 싶습니다. 먼저 한 분은 감사원의 요직에 있으면서 잠깐만 눈을 감고 어떤 사건을 마무리해 주면 팔자를 펼 수 있을 것이라는 상사의 회유를 거절한 이유로 요직에서 물러난 분입니다. 또 한 분은 중국 물건을 수입하는 중소기업 CEO이신데, 그가 수입한 상품을 단 한번만 눈을 감고 국산 상품으로 원산지를 둔갑하자는 간부들의 요청을 거절한 이유로 결국 회사의 문을 닫아 버린 고지식한 분이 계십니다. 그러나 이 두 분은 결과적으로 망하지 않았습니다. 두 분 중의 한 분은 그의 아내가 시작한 의류 사업이 의외의 성공을 거두어 지금 여러 이웃을 섬기고 선교의 사역을 후원하며 보람찬 제2의 인생을 살고 계십니다. 또 한 분은 전문인 선교 훈련을 받으신 후 지금은 선교지에서 보람과 흥분으로 선교사의 삶을 살고 계시고 자녀들의 성공으로 큰 위로를 누리고 계십니다. 저는 이 두 분의 삶에 공통점이 있다는 것을 보았습니다. 그것은 두 분이 다 하나님 나라와 의를 구하는 것을 인생의 최우선 순위로 삼으셨다는 사실입니다. 그리고 하나님은 이 두 분에게 그들이 직접 구하지 않은 복까지 누리게 하셨다는 것입니다. 마치 하나님의 나라를 잘 통치하도록 지혜를 구한 솔로몬에게 그가 구하지 않은 부와 재물과 영광의 복까지 주신 것처럼 말입니다. 본문 33절의 약속의 말씀이 바로 그 말씀이 아닙니까? "너희는 먼저 그의 나라와 그의 의를 구하라 그리하면 이 모든 것을 너희에게 더하시리라"

그러면 우리는 매일의 삶에서 하나님의 의를 분별하며 사는 것이 가능할까요? 디모데후서 3장 16절의 말씀을 상기시켜 드리고 싶습니다. "모든 성경은 하나님의 감동으로 된 것으로 교훈과 책망과 바르게 함과 의로 교육하기에 유익하니." 그렇습니다. 하나님의 말씀인 성경과 성경을 깨닫게 하시는 성령님이 바로 우리를 의의 길로 인도하는 내비게이션인 것을 믿으시기 바랍니다. 이 말씀과 성령의 내비게이션을 따라 예배의 우선순위, 성경적 가치관에 입각한 바른 삶의 우선순위를 붙잡고 영원한 나라의 영광을 드러내며 살아가는 하루하루가 되시기를 주의 이름으로 축복합니다.

본문의 결론은 명확합니다. 한 평생 예배자로 그리고 예배에 합당한 순종의 삶으로 하나님의 나라를 드러내는 인생을 살아야 한다는 도전입니다. 그러면 정녕 그의 나라와 그의 의를 구함, 이것을 인생의 우선순위로 삼고 사시겠습니까?

 방 | 향 | 질 | 문

1. 당신의 인생에서 우선순위는 무엇입니까?
2. 이 장을 읽고 나의 우선순위를 변화시켜야 할 것이 있다면 무엇입니까?

"그러므로 우리가 낙심하지 아니하노니 우리의 겉사람은 낡아지나 우리의 속사람은 날로 새로워지도다 우리가 잠시 받는 환난의 경한 것이 지극히 크고 영원한 영광의 중한 것을 우리에게 이루게 함이니 우리가 주목하는 것은 보이는 것이 아니요 보이지 않는 것이니 보이는 것은 잠깐이요 보이지 않는 것은 영원함이라 …우리가 하나님과 함께 일하는 자로서 너희를 권하노니 하나님의 은혜를 헛되이 받지 말라 이르시되 내가 은혜 베풀 때에 너에게 듣고 구원의 날에 너를 도왔다 하셨으니 보라 지금은 은혜 받을 만한 때요 보라 지금은 구원의 날이로다"(고후 4:16-18, 6:1-2).

chapter 19

영원한 지금

세계적인 베스트셀러 작가인 스펜서 존슨(Spencer Johnson)이 쓴 책 가운데 「선물」이란 책이 있습니다. 이 이야기는 어떤 노인과 소년의 대화로 시작됩니다. 노인은 어린 소년에게 세상에서 가장 귀한 선물을 가질 수 있도록 돕겠다고 합니다. 소년이 그 선물을 발견하면 평생을 정말 행복하게 살 것이라고 말합니다. 단, 그 선물이 무엇인지 암시는 주겠지만, 그 선물은 소년이 스스로 발견해야 한다는 조건이 없습니다. 소년은 그 선물을 발견하지 못한 채 시간만 흘려보냈습니다. 그러다 소년이 성장해 가면서 그 선물에 대한 관심을 잊어 갑니다. 그는 어느 사이 성인이 되어 취직을 하고 직장인이 되어 살면서 어느 날 문득 인생이 맘대로 되지 않는다는 좌절을 경험하게 됩니다. 직장에서 진급도 못하고 스트레스만 쌓여 가는 어느 날 이 청년은 과거 소년 시절 노인이 들려 준 선물 이야기를 생각해 냅니다. 다시 그가 노인을 찾자 대뜸 노인은 아직도 선물을 찾지 못했느냐고 하면서 적극적으로 힌트를 줄 테니 선물을 찾으라고 말합니다. 노인은 청년에게 지금까지 살아오면서 행복하게 느낀 인생의 장면들을 떠올려 보라고, 그리고 그런 장면들에서 어떤 공통점이 있었느냐고 묻습니다. 이 청년이 살아온 인생의 스냅사진들을 떠올리다가 갑자기 그는 이 선물의 정체를 발견합니다. 그것은 바로 현재라는 순간이었던 것입니다. 그가 행복했던 모든 경우의 공통점은 무엇인가에 몰입하고 있던 그 순간들이었던 것입니다. 영어 단어로 '선물'을 가리키는 'Present'는 '현재'를 의미하기도 했던 것입니다.

그렇습니다. 성경은 영원을 강조하지만 동시에 그 영원은 지금 여기에서부터 시작되고 있다고 가르칩니다. 하나님의 나라는 미래에서 우리를 기다리는 미래적 선물이기도 하지만, 지금 이 순간 여기서부터 경험될 수 있는 현재적 선물이기도 한 것입니다. 그래서 신학자 폴 틸리히(Paul Tillich)는 엄밀하게 말하면 과거도 우리의 시간이 아니고(이미

지나갔기 때문에), 미래도 우리의 시간이 아니지만(아직 오지 않았기에), 지금 이 순간은 영원의 순간이라고 말합니다. 그가 쓴 유명한 책의 제목이 오늘의 저의 설교 제목과 동일한 「영원한 지금」(The Eternal Now)입니다. 그러면 지금 여기서부터 우리는 어떤 태도로 영원을 바라보고 살아야 하는 것일까요? 바울 사도가 고린도 교회를 향해 보낸 편지에서 그 대답을 찾고자 합니다. 그 영원한 지금을 우리는 어떻게 살아야 하겠습니까?

지금은 영원한 영광을 바라보며 살아야 하는 시간이다

사도 바울은 고린도 후서에서 그가 복음을 전하면서 겪어 온 환난을, 살 소망까지 끊어진 사형 선고를 받은 상태라고 고백합니다.(고후 1:8-9) 그런데 그가 이런 환난의 시간을 지금 무슨 생각을 하며 극복하고 있는지를 본문에서 배우게 됩니다.

"우리가 잠시 받는 환난의 경한 것이 지극히 크고 영원한 영광의 중한 것을 우리에게 이루게 함이니"(4:17). 여기 이 구절에서 우리는 대조적인 3개의 단어들을 발견합니다. 잠시와 영원, 환난과 영광, 경한 것과 중한 것입니다. 지금 그가 겪고 있는 환난-그것이 아무리 심한 것이었다 해도 그는 환난의 지금 이 순간에도 이루어지고 있는 영원한 영광을 바라보고 있었던 것입니다. 그 영원한 영광은 아직 나타나지 아니한 볼 수 없는 미래에 속한 것이었지만 그는 여전히 그 볼 수 없는 미래를 바라보고 살고 있었던 것입니다. 본문과 동일한 고백을 우리는 로마서 8장 18절에서도 발견합니다.

"생각하건대 현재의 고난은 장차 우리에게 나타날 영광과 비교할 수 없도다."

다시 말하면 바울은 고난의 현재가 장차 나타날 영광을 만들어 냄을 믿고 버티면서 낙심을 이길 수 있었던 것이지요. 예를 들어 다이아몬드의 탄생을 묵상해 보십시오. 제가 만일 빛나는 다이아몬드 반지를 여러분의 손에 쥐어 드리면 싫어할 분이 있으시겠습니까? 그러나 우리가 잘 아는 것처럼 다이아몬드는 원소 기호로 표기하면 'C' 즉 탄소에 불과합니다. 그런데 혹시 숯덩이도 원소 기호로 표기하면 탄소라는 것을 아시는지요? 제가 만약 숯덩이 하나를 들어 여러분의 손에 쥐어 드리면 어떨까요? 아마 검정 숯이 묻을까봐 피하려 할 것입니다.

그렇다면 똑같은 탄소가 하나는 사람들이 귀히 여기는 다이아몬드가 되고, 또 하나는 사람들이 만지기도 싫어하는 숯덩이가 되었을까요? 그 대답은 이렇습니다. 이 숯덩이 탄소가 저 땅속 깊은 곳에서 어마 어마한 지열과 어마 어마한 지압을 통과하면 다이아몬드가 되고, 그 탄소가 아무런 고난도 없이 그냥 세월만 보내면 숯덩이가 되는 것입니다. 그래서 바울은 고린도후서 12장 10절에서, 자신에게 직면한 약함도 능욕도 궁핍도 박해도 곤고도 오히려 기뻐하겠다고 고백하지 않습니까? 왜냐하면 지금의 환난이 바울로 그리스도만을 붙잡고 사는 다이아몬드 인생을 살도록 만들어 준다는 걸 믿었기 때문입니다. 저는 당신에게 이런 질문을 하고 싶습니다. '당신은 숯덩이 인생으로 만족하시겠습니까, 아니면 다이아몬드 인생을 구하시겠습니까?' 잊지 마십시오. 고난의 지금은 바로 그 영원한 영광의 내일을 바라보고 사셔야 하는 시간입니다.

지금은 하나님의 은혜를 누리며 살아야 하는 시간이다

고난은 고통이지만 그리스도인의 고난에 바울은 함께하는 하나님의 은혜를 기억해야 한다고 말하고 있습니다. 그래서 고난은 아픔의 시간이지만 동시에 은혜의 시간인 것입니다. 그래서 바울은 고후 12장에서 자신의 치유되지 못하고 있었던 육체의 찌르는 가시의 아픔을 고백하면서도 여전히 주님으로부터 "내 은혜가 네게 족하도다"는 말씀을 받았다고 말합니다. 다시 본문으로 돌아와 생각해 보겠습니다. 고린도후서 6장 1절입니다. "우리가 하나님과 함께 일하는 자로서 너희를 권하노니 하나님의 은혜를 헛되이 받지 말라." 어떤 번역은 이 대목을 "하나님의 은혜를 헛되게 만들지 말라"고 표현하고 있습니다. 이미 고난 중에도 하나님의 은혜는 함께하고 있는데 그 은혜를 유익하게 선용할지언정 무익하게 해서는 안 된다는 의미입니다 (Philips역. not to fail to use the grace of God). 그렇습니다. 고난 중에도 우리는 하나님의 은혜를 지속적으로 누릴 수 있어야 하며 또한 그럴 수 있다는 권면의 말씀인 것입니다.

고난의 상황 그 자체는 어쩔 수 없더라도 고난에 어떻게 반응할 것인가에 대한 선택은 여전히 우리의 몫입니다. 그리고 그 반응을 어떻게 선택하느냐에 따라서 고난의 시간은 오히려 엄청난 은혜의 유익을 누릴 수 있는 시간이 되기도 합니다. 저는 이 장을 시작하면서 세계적인 베스트셀러 작가인 스펜서 존슨의 「선물」 이야기를 인용했습니다. 이제는 한국의 크리스천 베스트셀러 작가인 조신영(「경청」의 저자)의 최신작 「쿠션」에 대한 이야기를 하고자 합니다.

이 책의 주인공 '한바로'는 모든 일을 바로 처리하기보다, 바로 바로 모든 일에 화를 잘 내고 신경질적 반응을 보이는 바로입니다. 조부의 유산을 상속하기 위한 문제를 풀어가는 과정에서 조부의 재산보다 더 중요한 유산을 발견하게 되는데 그것은 자극과 반응의 틈새에는 언제나 새로운 가능성의 공간이 있다는 사실이었습니다. 그는 자극과 반응의 틈새 공간을 인간의 몸이 닿는 모든 부분에 완충 물질로 사용하는 쿠션에 비유한 것입니다. 그리고 이 쿠션, 우리 영혼의 쿠션은 고난 중에도 함께하는 하나님의 은혜의 품성, 온유의 품성이었던 것입니다. 그가 유산 상속의 과정에서 풀어 낸 숙제는 다음과 같은 공식으로 표현되었습니다. "반응(Response)+능력(Ability)=자유(Liberty)". 반응하는 능력이 인생을 자유하게 한다는 것입니다. 그런데 이런 능력은 바로 기도와 묵상을 통한 하나님의 은혜로 주어진다고 작가는 말합니다. 어떻습니까? 그러면 지금 우리가 지나는 시간이 비록 고난의 시간이어도 기도하면서 은혜를 누리는 시간으로 만들어 보시지 않겠습니까? 그렇습니다. 지금이 바로 영원에서부터 부어지는 그 은혜를 누리셔야 할 시간입니다. 고난 중에도 은혜는 여전히 당신과 함께하기 때문입니다.

지금은 하나님의 은혜를 전하며 살아야 하는 시간이다

사실 은혜라는 단어는 성경에서 매우 광범위한 의미로 사용됩니다. 은혜는 받을 자격이 없는데도 베풀어지는 하나님의 사랑이요 하나님의 호의입니다. 우리가 구원받은 것이 은혜고, 인생의 고난의 골짜기를 잘 통과할 수 있었음도 은혜입니다. 또한 우리가 허무한 인생의 광야에서 이런 보람을 누리며 하나님의 일을 수종 들며 살아가고 있음도 은혜입니다. 깨닫고 보니 그리스도인의 평생은 은혜에 빚진 삶이 아닐 수 없습니다. 이런 은혜의 고마움을 아는 사람들은 마침내 그 은혜를 나누며 살기로, 그리고 그 은혜를 전하며 살기로 작정합니다. 그래서 그 은혜의 아름다움을 전하기 위해 많은 성도들이 단기 선교와 단기 봉사의 장에서 땀을 흘리는 것입니다. 이렇게 은혜의 고마움을 알고 섬기는 사람들의 모습은 보기만 해도 주위를 감동시킵니다. 그런 곳에 남겨진 섬김의 향기는 오래 오래 거룩하고 선한 영향력을 행사하게 될 것입니다.

그러나 이런 섬김의 사역은 일상으로 돌아왔다고 해서 끝난 것이 아닙니다. 섬김의 광야에서 은혜의 고귀함을 체험한 우리라면 이제 다시 돌아와 가정과 마을과 직장이라는 일상에서 다시 그 은혜를 나누고 전하는 삶을 계속하셔야 합니다. 종종 우리 중에는 봉사를 할 수 있는 곳에서 자신을 나타낼 기회가 있으면 최선을 다해 전도도 하고 봉사도 하다가도 일상의 장에서는 다시 자신을 자폐시키는 분들이 계십니다. 그러나 우리의 전도의 우선순위의 장은 땅 끝만이 아니라, 여기 예루살렘에서부터라는 것을 잊지 말아야 합니다. 이제는 지금 여기서 전도하고 지금 여기서 섬길 시간입니다. 시간은 우리를 기다려 주지 않습니다. 제가 좋아하는 기회의 이야기를 하나 들려 드리고 싶습니다.

옛날 그리스의 '시라큐스'(Syracuse)라는 거리에는 괴상하게 생긴 동상이 하나 있었습니다. 이 동상의 모습을 묘사해 보면, 어깨뿐 아니라 발에도 날개가 달려 있고 앞머리는 무성한데 반해 뒷머리는 대머리였습니다. 그리고 이 동상 아래에는 다음과 같은 글귀가 새겨져 있었습니다.

누가 당신을 만들었는가? [리시퍼스]

당신의 이름은 무엇인가? [기회(시간)]

왜 날개가 발에 달렸는가? [빨리 날아다니기 위해]

당신의 앞머리는 왜 그렇게 무성한가?
[그것은 내가 지나갈 때 사람들이 쉽게 잡을 수 있도록 하기 위해]
그렇다면 왜 뒷머리는 대머리인가?
[한 번 지나가면 다시 붙잡기가 어렵기 때문에]

기회는 바로 이런 것입니다. 전도할 기회가 항상 있는 것이 아닙니다. 봉사의 기회가 항상 있는 것이 아닙니다. 헌금의 기회도 항상 있는 것이 아닙니다. 사랑할 기회도 항상 있는 것이 아닙니다.

하나님의 사람 노아는 이웃들의 비웃음에도 불구하고 구원의 방주를 만들기 위해 땀을 흘렸습니다. 그는 하나님의 구원 계획을 이루는 일에 기꺼이 하루하루를 바쳐 순종했습니다. 그가 방주를 만든 다음은 방주의 문을 활짝 열고 이웃들이 들어오도록 촉구했습니다. 이런 이유로 노아는 자기의 시대에 하나님의 의를 전파했다(벧후 2:5)고 베드로 사도는 증거합니다. 그러나 그 방주의 문은 항상 열려 있었던 것이 아닙니다. 마침내 그 문을 닫아야 하는 시간이 다가왔습니다. 그 다음 기회의 문은 다시 열리지 않았습니다. 그러나 아직은 복음의 문이 열려 있습니다. 바울 사도는 고린도 성도들에게 이렇게 말합니다. "보라 지금은 은혜 받을 만한 때요, 보라 지금은 구원의 날이로다"(6:2). 바울의 하나님은 저와 여러분에게 이렇게 말씀하고 계십니다. 바로 지금이 당신의 사랑하는 가족들에게 하나님의 은혜와 사랑을 전할 시간이라고, 지금이 당신의 사랑하는 사람들에게 영원한 나라로 초대할 시간이라고. 지금 바로 이웃들의 영혼을 거두어들일 영원한 지금의 순간이라고.

이 기회를 그냥 흘려보내시겠습니까? 선교의 마당에서 땀방울을 흘리시던 동일한 열정으로 이제는 당신의 사랑하는 이웃들을 전도하고 섬겨 주시겠습니까? 바로 그것이 영원을 준비하는 이 순간의 우리의 행복입니다. 이제 다시 성령의 내비게이션을 따라 영원을 준비하는 순종의 걸음을 옮기시겠습니까? 바로 이 영원한 지금 이 순간에 말입니다.

 방 | 향 | 질 | 문

1. 당신은 하루하루의 일상에 얼마나 만족하십니까?
2. 현재 당신이 더욱 몰두해야 할 것은 무엇이라고 생각하십니까?

"이 세상이나 세상에 있는 것들을 사랑하지 말라 누구든지 세상을 사랑하면 아버지의 사랑이 그 안에 있지 아니하니 이는 세상에 있는 모든 것이 육신의 정욕과 안목의 정욕과 이생의 자랑이니 다 아버지께로부터 온 것이 아니요 세상으로부터 온 것이라 이 세상도, 그 정욕도 지나가되 오직 하나님의 뜻을 행하는 자는 영원히 거하느니라"(요일 2:15-17).

chapter 20

영원한 가치

인간은 세월이 흐르면서 누구나 나이를 먹습니다. 그러나 우리는 나이든 모든 사람들을 성숙한 사람이라고 말하지는 않습니다. 늙은 나이가 되어서도 여전히 미숙한 사람들을 봅니다. 최근 이 땅에 노인 인구가 증가하면서 동시에 증가한 것이 무엇인지 아십니까? 노인 범죄입니다. 최근의 유명한 남대문(숭례문)방화 사건, '노인과 바다' 사건으로 널리 알려진 전남 보성 어부의 연쇄 살인 사건, 그리고 지난

7월의 할머니 소매치기단 4인조 사건이 모두 70대 노인들의 범죄 사건들이었습니다. 지난 4월 25일에는 황혼 범죄에 대한 통계 발표도 있었습니다. 1996년부터 2006년 까지 노인 인구가 전국적으로 46%가 증가하는 동안 61세 이상의 노인 범죄는 무려 139%가 증가한 것으로 발표되었습니다. 자연 연령이 정신 연령의 성숙을 보증하지 못한다는 통계적 증명이라고 할 수 있습니다. 그런데 신앙 생활도 마찬가지입니다. 믿음의 연륜이 더해지고 교회에서 보낸 세월이 많아지다 보면 우리는 교회 직분도 받게 되어 집사가 되고 권사가 되고 장로도 됩니다. 그러나 우리는 이런 교회 직분의 타이틀이 우리의 영적 성숙의 지표가 되지 못한다는 것을 스스로 잘 알고 있습니다. 교회 직분과 상관없이 여전히 영적으로 미숙한 성도들을 우리 주변에서 너무나 흔하게 발견하기 때문입니다.

문제는 이런 영적 성숙과 영적 미숙의 차이는 무엇인가라는 것입니다. 이 차이를 만드는 근본적인 요소의 하나가 바로 가치관이라고 할 수 있습니다. 신앙 생활을 오래한 시간이 중요한 것이 아니라, 과연 신앙적 가치관을 얼마나 내면화하고 사느냐, 다른 말로 하면 성경이 가르치는 성경적 가치관을 붙들고 살고자 하는 모습이 과연 우리에게 있느냐가 문제입니다. 그러면 성경적 가치관과 비성경적 가치관의 차이가 무엇이겠습니까? 비성경적 가치관의 핵심은 한마디로 세속성이요 순간성이라고 할 수 있습니다. 아무리 어떤 분이 교회 생활을 오래

했어도 그가 여전히 세상을 사랑하고 순간적인 가치에 붙들려 살고 있다면 그는 여전히 영적으로 미숙한 성도인 것입니다. 오늘의 본문은 이런 세속적 가치에 붙들린 인생과 반대로 영원한 가치를 지향하는 인생을 대조적으로 보여 주고 있습니다. 세속적 가치 지향적 인생과 영원한 가치 지향적 인생, 도대체 그 차이는 무엇일까요?

세속적 가치 지향의 인생

세속적 가치 지향의 인생이란 본문 사도 요한의 가르침에 의하면 육신의 정욕과 안목의 정욕 그리고 이생의 자랑을 따라 살아가는 삶이라고 할 수 있습니다. 15-16절을 보면, "이 세상이나 세상에 있는 것들을 사랑하지 말라. 누구든지 세상을 사랑하면 아버지의 사랑이 그 안에 있지 아니하니 이는 세상에 있는 모든 것이 육신의 정욕과 안목의 정욕과 이생의 자랑이니 다 아버지께로부터 온 것이 아니요 세상으로부터 온 것이라"고 되어 있습니다. 그런데 이 세 가지 세상의 정욕과 안목의 정욕과 이생의 자랑은 마귀가 인간을 유혹하고 파멸시키고자 태초부터 사용해온 무기임을 성경은 보여 줍니다. 마귀는 에덴 동산에서 첫 사람으로 하여금 하나님께서 금지한 선악을 알게 하는 나무 열매를 본 순간 "먹음직하고 보암직하고 지혜롭게 할 만큼 탐스럽기도 하게" 느끼게 했습니다. 먹음직이 바로 육신의 정욕이요, 보암직이 바로 안목의 정욕이요, 이 열매를 먹으면 하나님만큼 지혜로워진다고 함이 바로 이생의 자랑이 아닙니까?

　공생애를 시작하시면서 광야에서 금식하고 계신 예수님을 찾아온 마귀는 다시 이 세 가지 무기를 사용합니다. "이 돌을 명하여 떡이 되게 하라"는 육신의 정욕을 시험한 것이고, "천하만국의 영광을 보여 주며 절만 하면 다 주겠다"고 한 것은 안목의 시험이며, "예수님을 성전 꼭대기에 세우고 여기서 뛰어 내려 보라"고 한 것은 이생의 자랑을 시험한 것입니다.

　이 세 가지 자랑의 공통점이 무엇입니까? 감각적이고 순간적인 충동에 기초한 것들이라는 것입니다. 우리가 인생을 살면서 경험하는 식욕, 성욕, 물욕, 명예욕, 권력욕이 다 그렇지 않습니까? 물론 우리는 이런 것들이 인생의 생존의 욕구가 아니냐고 항변할 수가 있습니다. 맞습니다. 성경은 욕구 그 자체를 정죄하지는 않습니다. 그러나 우리의 욕구가 남용되고 과용될 때 그것이 바로 성경이 경계하는 정욕이 되는 것입니다. 그러나 우리가 살기 위해 먹는 것과 먹기 위해 사는 데에는 본질적인 차이가 있습니다. 우리가 단순히 살기 위해 먹는다면 그것은 나무랄 것 없는 생존의 욕구이지만, 먹기 위해 사는 순간(먹는 것이 생존의 목적이 되는 순간) 우리는 육신의 정욕의 포로가 되는 것입니다. 괴테(Goethe)가 그의 유명한 작품 「파우스트」에서 묘사하고자 한 유혹이 바로 그런 것들이 아니었습니까. 주인공 파우스트가 노박사가 되었지만 그는 아직도 이런 유혹에서 자유롭지 못했던 것입니다. 악마 메피스토펠레스는 아름다운 처녀의 환상을 보여 주며 그를 술자리로 그리고 마녀의 동굴로 인도합니다. 마약을 먹은 그는 그레트헨과 사랑에 빠지고 그 사랑을 실현하기 위해 살인까지 저지르게 됩니다. 그리고 제2부에서 황제의 중신이 된 파우스트는 이제는 돈의 욕망, 재산의 욕망에 빠지게 됩니다. 그러나 이 끝없는 욕망의 결론은 죽음이었습니다. 그럼에도 불구하고 그에게 마지막으로 필요했던 것은 돈도 쾌락도 아닌 오직 속죄의 은총임을 말하고자 한 것입니다.

그래서 오늘의 본문은 우리가 이런 세속적 가치의 욕망에 빠지는 순간 아버지의 사랑이 그 속에 있지 않다고, 그리고 이런 욕망의 출처는 결코 아버지로 말미암은 것이 아니라고 말씀하는 것입니다. 이 세 가지 욕망의 공통점을 본문 17절은 이렇게 말합니다. "이 세상도 그 정욕도 지나가되." 그것은 지나가는 일순간적 가치에 불과하다는 것입니다. 그리고 이런 가치를 추구한 종말은 죽음이라는 것입니다. 야고보의 표현을 빌리면 "욕심이 잉태한즉 죄를 낳고 죄가 장성한즉 사망을 낳느니라"(약 1:15)입니다. 그래도 이런 세속적 가치 지향의 인생을 살 것인지 아닌지는 각자 선택의 몫입니다. 그러나 이런 우리의 선택이 어느 날 반드시 하나님의 심판을 직면해야 한다는 것을 잊지 말아야 합니다. 심판의 날, 그날은 결국 대부분의 인생들이 붙들고 살아온 세속적 가치의 생명이 순간이었음이 드러나는 날인 것입니다.

영원한 가치 지향의 인생

본문 17절을 보면 "이 세상도 그 정욕도 지나가되 오직 하나님의 뜻을 행하는 이는 영원히 거하느니라"라고 되어 있습니다. 어떤 단어들이 대조를 이루고 있습니까? 이 세상과 정욕은 하나님의 뜻과 대조를 이루고, 지나감은 영원히 거함과 대칭을 형성하고 있습니다. 즉 이 세상과 정욕은 지나가는 것이라면 하나님의 뜻을 행하는 것은 영원한 것이 됩니다. 그러므로 우리의 인생이 우리의 욕망을 넘어서서 창조주 하나님의 뜻을 붙잡고 사는 단계에 이르지 못한다면 그 인생은 결국 헛된 인생을 산 것입니다. 그래서 유명한 기독교 철학자요 사상가인 키에르케고르(Søren Aabye Kierkegaard)는 인간 실존의 3단계 설을 주창합니다. 인간은 심미적 실존에서 도덕적 실존으로 그리고 마침내 종교적 실존으로 나아가야 한다는 것입니다. 심미적 실존이란 감각적 쾌락과 원초적 욕망을 따르는 실존이고, 누구나 인생을 이 단계에서 시작합니다.

그러나 이 단계가 필연적으로 가져다주는 범죄와 죄책에서 벗어나기 위해 우리는 도덕적인 실존의 단계를 필요로 합니다. 우리는 내면의 양심의 소리에 귀를 기울여야 하고, 이것이냐 저것이냐 선이냐 악이냐 하는 양자택일의 기로에 서게 됩니다. 우리의 평생은 이런 윤리적이고 도덕적인 선택을 하면서 살게 됩니다. 그러나 도덕은 우리를 죄책의 자리로 인도할 수는 있어도 우리를 구원할 수는 없습니다. 그래서 인간은 궁극적으로 하나님 앞에 단독자로 서는 종교적 실존의 자리에 서야 하는 것입니다.

이런 종교적 실존의 단계에서 우리는 비로소 순간의 가치가 아닌 가장 높은 절대 가치, 영원한 가치를 붙들고 살게 되는 것입니다. 사도 요한에게 그 가치는 바로 영원하신 하나님의 뜻이었던 것입니다. 요한은 자신의 주님이 이렇게 말씀하시는 것을 결코 잊을 수 없었을 것입니다. "누구든지 하늘에 계신 내 아버지의 뜻대로 하는 자가 내 형제요 자매요 어머니이니라"(마 12:50). 그래서 요한은 한평생 아버지의 뜻을 이루고자 전도하고 사랑하는 일에 자신의 전부를 부어 바쳤습니다. 얼마 전 저는 우리 교회 성지 순례단을 모시고 터키를 다녀왔습니다. 거기 오랜 세월이 지났어도 아버지의 뜻을 따라 살고자 했던 사람들은 성지가 아직도 거룩하게 기억하고 있었습니다. 돈과 쾌락과 권력을 쫓아 산 자들의 흔적은 다만 허망한 종말의 기억으로만 남아 있을 뿐이었습니다. 그러나 하나님의 뜻을 따라 갈대아 우르를 떠난 아브라함, 하나님의 뜻을 이루기 위해서 자신의 생명을 조금도 귀한 것으로 여기지 않았던 바울, 그리고 주님의 가장 큰 계명은 형제 사랑이라고 말하며 서로 사랑하라고 외친 사도 요한, 그들의 흔적은 성경으로 역사로 그리고 전승으로 모두 기억되고 있었습니다.

아마도 터키 성지순례를 하는 모든 그리스도인들에게 최고의 깨우침을 주고 최고의 감동을 선물한 장소가 있다면 그것은 갑바도기아의 지하 공동체, 지하도시 '데린 큐유' 방문일 것입니다. 데린 큐유는 '지하 우물'이란 뜻으로 가장 깊은 곳은 무려 지하 60m(현재 30m지점까지만 공개)이상 파고 들어간 지하에서 무려 2만 명 이상의 초대 교회 성도들이 기독교 박해 시절 공동체를 이루며 살았던 곳입니다. 허리를 바짝 꾸부리고 지하 8층(전체는 지하 20층)을 좁은 통로를 따라 내려가면 거기에 십자형으로 된 지하 채플(중간 지점)에 도달하게 됩니다. 이 어둑한 지하의 미로에서 그들은 평균 수명 40세를 넘기지 못하는 인생을 살면서도 예배의 자유, 신앙의 자유를 지키고자 거기에 산 것입니다. 배교하고 밖으로 나가기만 하면 맘대로 살 수 있었음에도 그들은 지하의 인생을 선택한 것입니다. 거기에 하나님의 임재가 있었고, 거기에 성도의 진정한 사랑이 있었고, 거기에 예배의 자유가 있고, 거기에 기도와 찬양의 감격이 있었기 때문이었습니다.

이번에 성지 순례에 함께 참여했던 분들이 데린 큐유를 방문하고 나서 소감을 나누었는데 잠깐 소개하면 다음과 같습니다. "영화나 소설 속에서나 있을 법한 지하세계를 경험한 것은 충격이었다. 상상을 추월한 장소였다", "지하도시 데린 큐유를 통해 나의 모습 나의 신앙이 너무나 부끄러웠다", "인간이 살아가기에는 최악의 상황에서 살아간 믿음의 사람들의 역사적 장소를 보며, 신앙을 지킨다는 것의 의미가 목숨을 걸고 지켜야 한다는 수준이라는 것을 다시 한 번 깊이 느끼게 되었다", "몸 하나 빠져 나오기 힘든 굴 속을 삶의 터전으로 삼았던 그들의 주님 사랑이 마음으로 전해 오면서 숨쉬기조차 힘들 정도로 가슴이 저려 왔다. 그날 일정을 마치고 잠자리에 들어서도 깊은 잠을 이루지 못했다. 다만 주님께 회개의 기도를 드릴 수밖에 없었다."

이들의 지하인생을 단적으로 묘사하는 말씀이 히브리서 11장 25절이 아닌가 생각합니다. "도리어 하나님의 백성과 함께 고난 받기를 잠시 죄악의 낙을 누리는 것보다 좋아하고." 왜 사람들이 죄를 짓습니까? 죄악에는 낙(쾌락)이 있기 때문입니다. 그러나 그것은 성경의 증언처럼 '잠시'에 불과합니다. 그 '잠시'가 지나가면 영원한 회한과 영원한 고통이 있을 따름입니다. 그래서 데린 큐유의 공동체 사람들은 차라리 그런 지하의 삶을 선택한 것입니다. 영원한 가치를 붙들고 영원히 자유로운 자로, 영원한 기쁨의 인생, 영생의 삶을 누리기 위해서였던 것입니다.

히브리서 기자는 히브리서 11장의 결론 부분에서 이런 성도들을 "세상이 감당할 수 없었던 사람들"이라고 기록합니다. 한 번역학자는 이 부분을 "세상이 이들을 두기에 세상은 적합한 곳이 못되었다"고 했습니다. 그런데 오늘의 우리는 어떻습니까? 우리는 순간의 가치, 본능적인 쾌락의 가치를 따라서 세상을 사랑하며 살고 있지는 않습니까? 영원을 향한 내비게이션! 그것은 영원한 가치를 우리의 진정한 가치로 품는 순간 시작되는 여행입니다.

 방 | 향 | 질 | 문

1. 당신은 세속적 가치와 영원한 가치 중 어느 쪽에 더 가까운 인생을 살고 있습니까?
2. 오늘 당신의 인생에 있어서 변화되어야 할 가치에 따른 결단은 무엇입니까?

"너희를 위하여 보물을 땅에 쌓아 두지 말라 거기는 좀과 동록이 해하며 도둑이 구멍을 뚫고 도둑질하느니라 오직 너희를 위하여 보물을 하늘에 쌓아 두라 거기는 좀이나 동록이 해하지 못하며 도둑이 구멍을 뚫지도 못하고 도둑질도 못하느니라 네 보물 있는 그 곳에는 네 마음도 있느니라"(마 6:19-21).

chapter 21

영원한 투자

기독교 교인들의 의식을 조사하는 연구 보고서들에 의하면 목사님이 설교에서 언급하지 말았으면 하는 주제 중에 1위가 돈(헌금) 이야기고, 2위는 정치 이야기라고 합니다. 그런데 오래전에 종교 개혁자 칼빈은 이런 말을 했습니다. "오늘날의 교회의 문제는 돈에 대해 많은 이야기를 하는 것이 아니라, 교회가 돈에 대해 바르게 말하지 않는 것이 문제다." 아마 칼빈 당시에도 돈에 대한 문제 제기가 있었던 모양입니다. 그렇다면 예수님은 당신의 설교에서 어떻게 말씀하셨을까요?

복음서에는 예수님의 많은 비유가 기록되고 있습니다. 대략 38개의 비유가 기록되고 있는데 그중 16개가 재물에 대한 비유라는 것을 아십니까? 거의 예수님의 설교의 절반이 돈 이야기라는 사실입니다. 달란트 이야기, 데나리온 이야기, 청지기, 과수원지기, 품꾼, 부자 이야기 등은 다 물질과 관련된 이야기들이 아닙니까? 신약 성경에만 평균 10구절에 한 번씩 물질에 관한 이야기가 나오고, 복음서에만 288구절이 물질에 관한 이야기입니다. 그리고 성경 전체를 보면 무려 2,300구절 이상이 돈과 재정에 관한 구절입니다. 성경은 돈에 대한 관심을 피해 가지 않습니다.

돈은 삶의 실제적인 문제입니다. 돈을 피해서는 인생을 살아갈 수 없습니다. 어떤 청년이 소원 성취의 요정이 들어 있는 요술 항아리를 발견했다고 합니다. 청년이 요정을 불러내자, 요정이 "주인님, 무슨 소원을 들어 드릴까요?" 하고 물었답니다. 그러자 청년은 지체 없이 "저는 돈과 여자와 결혼을 원합니다"라고 대답했습니다. 그러자 요정은 곤란한 듯 "꼭 세 가지를 다 원하시나요?"라고 물었고, 청년은 "예, 저는 돈 여자 결혼이 꼭 필요한데요"라고 했답니다. 그러자 그 요정은 "할 수 없지요. 그럼 소원대로 해 드리겠습니다." 그래서 그 청년은 얼마 후 돈 여자와 결혼했다고 합니다.

돈 여자와 결혼하지 않고, 돈 인간으로 살지 않으려면 돈에 대한 바른 생각, 돈에 대한 바른 헌신이 무엇보다 필요합니다. 인류 역사상 가장 고상한 교훈의 하나로 알려진 산상수훈에서도 예수님은 돈 이야기를 하셨습니다. 본문의 교훈을 한마디로 요약하면 "보물을 땅에 쌓아 두지 말고(19절), 하늘에 보물을 쌓아 두라(20절)"는 말입니다. 저는 이 교훈 속에 성경적 재정관이 다 들어 있다고 생각합니다.

자, 그러면 우선 "보물을 땅에 쌓아 두지 말라"는 것이 무엇을 의미할까요?

본문에서 예수님이 금하지 않으신 것

1. 소유를 금한 것은 아니다

성경 어디에도 소유를 금한 말씀은 없고, 예수님도 사유 재산을 금하는 가르침을 주신 일이 없습니다. 주기도를 가르치실 때에도 '우리의 일용할 양식'(Our daily bread)을 구하라고 했습니다. 우리의 양식은 우리의 소유입니다. 우리는 주인은 아니지만 양식을 맡은 청지기인 것은 사실입니다. 그런 의미에서 소유를 부정하는 공산주의나 극단적 사회주의는 기독교적 가치관과 함께 갈 수 없습니다.

2. 저축을 금한 것도 아니다

성경 특히 잠언에 보면 하나님은 우리에게 일할 수 없는 겨울을 위해 여름에 땀 흘려 일하고 저축하는 개미에게서 배워야 한다고 가르치십니다. "게으른 자여 개미에게 가서 그가 하는 것을 보고 지혜를 얻으라"(잠 6:6), "먹을 것을 여름 동안에 예비하며 추수 때에 양식을 모으느니라"(잠 6:8). 예수님은 5병2어의 기적을 베푸신 다음 남은 것을 거두어 버리는 것이 없게 하라고 가르치신 분이십니다. 개혁자 칼빈은 여기에서 저축의 정신을 찾았습니다.

3. 삶의 즐거움을 금한 것도 아니다

성경은 물질 그 자체를 죄악시하지 않습니다. 만물을 지으시고 선하게 보신 하나님의 관점 안에는 물질도 포함되어 있습니다. 성경은 창조자 하나님이 물질을 주신 목적의 하나가 물질을 즐길 수 있게 하기 위해서라고 말씀하십니다. 디모데전서 6장 17절을 보십시오. "네가 이 세대에서 부한 자들을 명하여 마음을 높이지 말고 정함이 없는 재물에 소망을 두지 말고 오직 우리에게 모든 것을 후히 주사 누리게 하시는 하나님께 두며." 하나님은 인생이 우리에게 허락된 물질을 적절한 한계 내에서 누리는 것을 질투하지 않으십니다. 오히려 함께 기뻐하십니다.

그러므로 여기 본문에 예수님께서 땅에 보물을 쌓아 두지 말라고 하신 것은 결코 재산을 소유하는 것이나, 장래를 위해 물질을 저축해 두거나, 적절한 한계 내에서 물질을 누리는 것을 금하신 것이 아니라는 것입니다.

본문에서 예수님이 금하신 것

1. 물질을 목적으로 살아가는 삶

주님에 의하면 물질은 필요한 것이지 목적은 아닙니다. 본문 마태복음 6장에서 의식주에 대한 필요를 가르치시던 주님은 마태복음 6장 32절에서 이렇게 말씀하십니다. "이는 다 이방인들이 구하는 것이라 너희 하늘 아버지께서 이 모든 것이 너희에게 있어야 할 줄을 아시느니라." 여기 분명하게 우리에게 있어야 할 것을 아신다고 말씀하지 않으십니까? 그는 우리의 필요를 인정하시는 분이십니다. 그러나 물질은 목적은 아니라는 것입니다. 물질이 목적이 되는 징후가 무엇일까요? 물질을 쌓아 두는 그 자체에서 보람을 느끼기 시작하는 것입니다. 그는 서서히 물질을 사랑하게 됩니다. 그리고 종국에는 물질을 섬기기 시작합니다. 그렇게 되면 그의 인생의 주인은 하나님이 아닌 물질이 되는 것입니다. 그런 인생이 맘몬주의의 우상에 빠진 삶의 모습입니다.

마태복음 6장 24절을 읽어 보십시오. "한 사람이 두 주인을 섬기지 못할 것이니 혹 이를 미워하고 저를 사랑하거나 혹 이를 중히 여기고 저를 경히 여김이라 너희가 하나님과 재물을 겸하여 섬기지 못하느니라." 여기 재물이라고 된 단어가 원어에서는 바로 맘몬(mamonas)입니다. 그리고 이 단어는 본래 우상 신을 뜻하는 말입니다. 재물이 내 인생의 목적이 되기 시작할 때 우리는 이미 우상 숭배에 빠지기 시작한 것입니다. 그래서 먼저 경계할 것은 재물을 사랑하는 마음을 경계해야 합니다. 그것이 우상 숭배의 시작이기 때문입니다. 그래서 성경은 돈은 악이 아니지만 돈을 사랑함이 일만 악의 근원이라고 가르칩니다. "돈을 사랑함이 일만 악의 뿌리가 되나니 이것을 탐내는 자들은 미혹을 받아 믿음에서 떠나 많은 근심으로써 자기를 찔렀도다"(딤전 6:10).

2. 물질에서 안전을 구하는 삶

인생에서 돈을 잃는 것은 무엇보다 인생의 안전 장치가 제거되는 것을 의미합니다. 그래서 사람들이 악착같이 물질을 확보하고자 하는 것은 그것이 우리 인생의 안전을 보장하게 된다고 믿기 때문입니다. 그러나 주님은 그것이 결코 안전의 보장이 되지 못한다고 가르치십니다. 우리가 붙들고 사는 모든 세상의 보물은 결국 세 가지, 좀과 동록과 도둑을 피하지 못할 것이라고 말씀하십니다. 우리가 자랑하는 의복은 시간이 지나가면 좀이 쓸고, 보화에는 동록인 녹이 쓸어 부식하고, 우리가 사는 집도 도둑의 표적을 피하기 어렵다는 것입니다. 옛날 중동 지방의 집들은 흙집이어서 아무리 부자 집도 구멍을 파고 들어오면 도둑을 피할 재간이 없었던 것입니다. 물론 현대의 도둑은 더 간교한 모습으로 우리의 재물을 노리고 있습니다. 결국 여기서 메시지는 무엇입니까? 물질이 우리의 안전을 보장하지 못한다는 것입니다. 주가가 폭락하고 환율이 폭등하는 오늘의 현실은 우리에게 다시 이 메시지를 확인시키고 있지 않습니까? 오늘의 경제 위기 속에서 주님의 메시지는 무엇일까요? 물질은 믿을 것이 못된다는 것 아닙니까!

본문에서 예수님이 격려하시는 것

한마디로 하늘에 투자하라는 것입니다. 우리의 보물을 안전하지 못한 땅이 아닌 안전한 하늘에 쌓아두라는 것입니다. 세상 은행은 안전하지 못하니 하늘 은행에 안전하게 쌓아두라는 말입니다. 우주에서 가장 안전한 이 은행의 이름은 바로 '천국 기업 은행' 입니다.

"썩지 않고 더럽지 않고 쇠하지 아니하는 유업을 잇게 하시나니 곧 너희를 위하여 하늘에 간직하신 것이라" (벧전 1:4).

쉽게 말하면 가장 안전한 상급, 영원한 상급을 보장하는 하늘의 기업(천국 기업)에 투자하라는 것입니다. 이 하늘나라의 투자야말로 영원한 투자라는 것입니다. 예수님은 하늘에 보물을 쌓아 두라는 이 말씀의 결정적인 의미를 마태복음 6장 마지막 부분에서 밝혀 주고 계십니다. "그런즉 너희는 먼저 그의 나라와 그의 의를 구하라 그리하면 이 모든 것을 너희에게 더하시리라" (마 6:33). 하늘에 보물을 쌓기 위해 집중하면 땅의 보물은 그분이 책임지시겠다는 말씀입니다.

여기서 의를 구한다는 의미를 예수님은 막연하게 의로운 행위로 말씀하시지 않았습니다. 마태복음 6장 1-2절에 의하면 예수님은 의를 행함을 구제 행위와 연관시키고 계십니다. 그러니까 그의 나라와 그의 의를 구하라는 말씀은 하나님 나라의 목적을 실현하기 위한 선교와 구제 등에 구체적으로 헌신하는 삶을 뜻하는 말입니다. 세계적인 경제 위기를 맞이하면서 우리가 돈 씀씀이를 절약하는 중에 헌금을 제일 먼저 줄이는 분들이 계십니다. 그러나 우리들의 헌금의 헌신이 줄어들 때 제일 타격을 받게 될 영역이 어디라고 생각하십니까? 하나님 나라의 선교의 영역이 아니겠습니까? 그런데 역사 속에는 이런 경제 위기를 직면하면서 오히려 재정적인 후퇴가 아닌 재정적인 헌신을 결단한 의외의 사람들이 있습니다.

미국에서 작은 서점 사업을 하다가 지금 우리가 경험하는 위기와 유사한 경제 공황이 닥쳐 파산을 하고 약 10만 불의 빚을 진 사람이 있었습니다. 그 무렵 그는 진지하게 기도하다가 은혜를 체험하고 나서 무엇보다 과거에 자신의 헌금 생활에 대한 불성실을 회개하고 자기 집을 팔고 빚 정리를 하고 다시 십일조 생활을 시작하게 되었습니다. 친구들이 이 마당에 무슨 십일조냐는 질문에 그는 나는 무엇보다 하나님께 대한 빚부터 청산해야 한다는 깨달음을 주셨다고 간증합니다. 그는 기도하며 약품 연구를 하면서 약품 제조, 판매, 영업으로 바쁜 새 삶을 살아가며 얻어지는 수입의 10의 1조를, 그리고 10의 2조를, 마침내 10의 3조를 드리기 시작하고 전 세계에 흩어진 선교사들을 지원하기 시작합니다. 그는 기도와 헌신을 통해서 재기한지 3-4년 만에 세계적인 제약 회사를 일으켜 세우게 됩니다. 그것이 세계적으로 유명한 멘소래담(Mentholatum) 제약 회사였습니다. 알버트 알렉산더 하이드(A. A. Hyde) 박사의 스토리입니다. 그는 죽을 즈음에는 10의 9조까지 하나님께 드리는 기록을 남기는 성도가 됩니다.

무디 신학교의 총장을 지낸 조지 스위팅(George Sweeting) 박사는 이런 말을 했습니다. "우리가 죽을 때 우리가 묻게 될 가장 중요한 질문은 '얼마나 벌었는가?' 가 아니라 그의 나라를 위해 '얼마나 드렸는가?' 가 될 것이다." 지금까지 여러분은 주의 나라와 의를 위해 구체적으로 얼마나 헌신하는 삶을 사셨습니까? 여러분의 영원한 나라의 투자 실적은 어떠하셨는지요? 순례자인 그리스도인의 생애의 거룩한 책임인 영원한 투자를 결코 소홀히 하지 마십시오.

 방 | 향 | 질 | 문

1. 당신의 헌금 생활은 얼마나 규칙적이고 투명합니까? 그리고 얼마만큼의 감사가 반영되어 있습니까?
2. 교회에 드리는 헌금 외에 선한 일을 위해 당신의 재정을 나누고 있습니까?

"예수님께서 베다니 나병환자 시몬의 집에서 식사하실 때에 한 여자가 매우 값진 향유 곧 순전한 나드 한 옥합을 가지고 와서 그 옥합을 깨뜨려 예수님의 머리에 부으니 어떤 사람들이 화를 내어 서로 말하되 어찌하여 이 향유를 허비하는가 이 향유를 삼백 데나리온 이상에 팔아 가난한 자들에게 줄 수 있었겠도다 하며 그 여자를 책망하는지라 예수님께서 이르시되 가만 두라 너희가 어찌하여 그를 괴롭게 하느냐 그가 내게 좋은 일을 하였느니라 가난한 자들은 항상 너희와 함께 있으니 아무 때라도 원하는 대로 도울 수 있거니와 나는 너희와 항상 함께 있지 아니하리라 그는 힘을 다하여 내 몸에 향유를 부어 내 장례를 미리 준비하였느니라 내가 진실로 너희에게 이르노니 온 천하에 어디서든지 복음이 전파되는 곳에는 이 여자가 행한 일도 말하여 그를 기억하리라 하시니라"(막 14:3-9).

chapter 22
영원한 감사

당연한 때에 당연한 일로 감사하는 것은 누구나 할 수 있는 일입니다. 그러나 때로는 전혀 감사할 수 없을 때에 감사하는 이들도 있습니다. 우리가 인생을 살다 보면 우리 주변에 세월이 흘러 가며 머리카락을 잃어버리고 대머리가 되는 분들이 종종 있습니다. 그런데 전광 목사가 지은 「평생감사」라는 책에 보면 대머리가 되는 것을 별로 좋아할 사람들이 없겠지만 그럼에도 불구하고 대머리로 인하여 우리는 감사할 조건이 무려 여섯 가지나 된다고 말했습니다.

❶ 대머리는 여성에게는 거의 없는 현상이다. 그러므로 모든 여성은 감사해야 한다.

❷ 하나님의 사랑을 받는 자가 대머리가 된다. 날마다 앞이마를 쓰다듬어 주시기 때문이다.

❸ 대머리인 사람은 얻어먹고 사는 사람이 없다. 대머리로 구걸하는 사람은 아직 한 사람도 보지 못했다.

❹ 비교적 목회자들이 대머리가 된 사람이 많다. 엘리사도 대머리였다.

❺ 비누, 샴푸, 물을 상당히 절감할 수 있다.

❻ 하나님을 편하게 해 드린다. 주님은 날마다 우리의 머리카락까지 세시기 때문이다.

오늘 본문에는 한 여인의 우연한 감사가 이 땅에서 영원한 나라에 이르기까지 기억될, 영원한 감사 사건이 기록되어 있습니다. 물론 이 여인은 자신의 감사가 그렇게까지 기억될 거라고는 생각도 못했을 것입니다. 그저 이 여인은 예수님의 은혜에 감사하여 자신이 할 수 있는 최선을 다하여 응답하고자 했을 것입니다. 그러나 결과적으로 그날의 감사는 주님이 기억하시고 인정하시는 영원한 감사가 될 수 있었습니다.

마가복음의 기자는 이 여인의 이름을 밝히지 않습니다. 본문 3절은 그냥 '한 여자'라고만 기록하고 있습니다. 그러나 요한복음 12장 3절에 의하면 이 여자가 바로 죽었다가 다시 산 베다니의 나사로의 누이 '마리아'라고 기록되어 있습니다. 그런데 바로 이 여인이 예수님께서 같은 동네 시몬(나병환자였다가 치유 받은)의 집에서 식사를 하신다는 소식을 듣고 달려왔습니다. 그리고 자신의 옥합을 깨트려 예수님의 머리에 향유를 붓습니다. 이에 대해 예수님은 본문 9절에서 다음과 같이 말씀하십니다. "내가 진실로 너희에게 이르노니 온 천하에 어디서든지 복음이 전파되는 곳에는 이 여자가 행한 일도 말하여 그를 기억하리라 하시니라." 다시 말하면 예수님은 이 여인의 헌신이 영원히 기억될 가치가 있는 영원한 감사 사건이었다고 말씀하신 것입니다. 도대체 한 여인의 헌신이 이렇게 영원한 감사가 될 수 있었던 비밀은 무엇 때문일까요?

악한 인생 틈에서 드려진 선한 헌신이었기 때문이다

우리는 본문의 사건이 일어나고 있는 시대적 정황에 주목할 필요가 있습니다. 본문의 사건과 연결되어 있는 14장 1-2절을 읽어 보실까요. "이틀이 지나면 유월절과 무교절이라 대제사장들과 서기관들이 예수님을 흉계로 잡아 죽일 방도를 구하며 이르되 민란이 날까 하노니 명절에는 하지 말자 하더라." 때는 바야흐로 예수님을 잡아 죽이려는 정치·종교 지도자들의 음모가 진행되고 있었던 때였습니다. 본문의 에피소드가 끝나는 9절 이후 그러니까 10절에는 바로 이런 음모를 촉진하는 악한 도구로서 가룟 유다가 등장합니다. 10절을 보면, "열둘 중의 하나인 가룟 유다가 예수님을 넘겨 주려고 대제사장들에게 가매." 여기서 우리는 악한 시대의 악한 사람들의 얼굴을 볼 수 있습니다. 그러나 이것은 그때만의 정황은 아닙니다. 지금은 과연 다를까요? 최근 탤런트 문근영 씨가 사회 복지를 위해 지난 6년간 6억 5천만 원을 기부했다는 기사가 뜨자마자 칭찬 대신 그를 향해 온갖 악플이 쏟아지는 것을 보고 여러분은 무엇을 느끼셨는지요? 참으로 이 시대가 악하고, 사람들이 악하다고 느껴지지 않으셨습니까?

그런데 본문에도 악한 시대 악한 인생의 틈새(1-2절의 악한 지도자들과 10절의 악한 제자 유다)에서 성경의 기자는 전혀 다른 한 여자의 얼굴을 등장시키고 있습니다. 본문 6절에서 예수님께서는 이 여자가 행한 일을 비난하는 자들에게 어떻게 말씀하고 있습니까? "예수님께서 이르시되 가만 두라 너희가 어찌하여 그를 괴롭게 하느냐 그가 내게 좋은 일을 하였느니라." 여기서 '좋은 일'이란 단어는 '선한 일' 혹은 '아름다운 일'로 번역될 수 있습니다. 이 여자의 행한 일은 이 여자를 비난하는 자들의 악한 행위와 대조되는 선한 일, 아름다운 일이었다는 것입니다. 이 여자의 행위가 돋보인 중요한 이유 중의 하나가 이 여자는 악한 시대, 악한 인생들의 틈새에서 시류를 본받기보다 세상과 다른 인생 곧 선하고 아름다운 인생을 살고자 한 까닭이었습니다. 그래서 이 여인의 헌신은 더욱 기억될 가치가 있는 영원한 헌신이었던 것입니다. 그러면 사랑하는 성도 여러분, 혹시 세상이 악하다고 해서 여러분도 더불어 악한 인생을 살고 있지는 않은가요? 세상이 이기적이라고 해서 여러분도 별 수 없이 이기적인 인생을 살고 있지는 않은가요? 아니면 세상이 악하기에 나만이라도 다른 인생을 살아야겠다고 결심하시나요? 바울 사도의 권면처럼 "이 세대를 본받지 말라"는 말씀에 순종하고자 "하나님의 선하시고 기뻐하시고 온전하신 뜻을 분별하는 것"을 인생의 우선순위로 삼고자 하십니까?

그렇습니다. 누가 영원한 감사를 드리는 인생을 살 수 있습니까? 세상의 악함을 탓하기보다 하나님의 선하신 뜻을 붙잡고 그분이 기뻐하시는 선한 일에 자신을 드리는 성도들을 그분은 지금도 찾습니다. 악한 인생의 틈새에서 드리는 참으로 선하고 아름다운 감사를 찾고 계시는 것입니다. 이것이 이 여인의 헌신이 영원한 감사가 될 수 있었던 첫째 비밀이었습니다.

자신의 모든 것을 드린 통전적 헌신이었기 때문이다

인생을 살아가며 우리가 경험하는 감동의 하나는 인간이 자신보다 더 큰 목적을 위하여 자신의 존재를 개방하는 순간들이라고 할 수 있을 것입니다. 본문에 기록된 여인의 헌신에 대하여 주께서 감동하신 이유도 이 여인의 자신의 존재를 깨트린 소위 통전적 헌신 때문이었음이 분명합니다. 본문에 나타난 주인공 마리아는 옥합을 열어 주님께 향유를 조금만 부어 바칠 수도 있었을 것입니다. 그것은 최소한의 예의를 지키는 헌신이었다고 볼 수 있습니다.

당시 팔레스타인에서는 중요한 손님이 오면 손님의 머리에 향유를 몇 방울씩 떨어트리는 습관이 있었다고 합니다. 그런 정도로도 마리아의 헌신은 칭찬받을 만한 헌신이었습니다. 아니면 마리아는 옥합을 열어 향유를 전부 주님께 부어 드리는 방법도 있었을 것입니다. 그리고 그 옥합은 다시 향유를 채워 다른 대상을 위하여 사용할 수 있었을 것입니다. 이 정도면 최고의 헌신으로 이 여인의 헌신은 당시에 큰 뉴스가 되었을 것입니다. 그러나 이 여인의 헌신은 그 정도로도 만족할 수 없었다는 것입니다. 이 여인은 옥합을 깨트려 향유를 주님의 머리에 몽땅 부어 버린 것입니다. 이것을 우리는 통전석 헌신이라고 칭하도록 하겠습니다. 다시 그 옥합은 다른 이를 상대로 사용될 수 없음을 천명한 것입니다. 이것은 최소의 헌신도, 최고의 헌신도 아닌, 전부를 통째로 드리는 헌신이었던 것입니다. 본문 8절은 "그는 힘을 다하여 (더 이상 남겨둔 힘이 없었다는 의미) 내 몸에 향유를 부었다"고 기록합니다. 바로 이런 헌신이 주께서 기억하시는 영원한 헌신이 된 것입니다.

본문 5절에 보면 이 여인이 이날 주께 드린 향유의 가치를 삼백 데나리온이라고 기록합니다. 예수님 당시 평범한 팔레스타인의 노동자의 하루 품삯이 1데나리온이었던 것을 감안하면, 이 여인이 주께 드린 향유의 가치는 쉽게 말하면 당시 평균 노동자들의 1년 품삯에 해당하는 것이었다고 할 만 합니다. 그렇다면 여러분, 여러분은 어떤 뜻 있는 하나님의 사역을 위해 1년의 봉급을 드려본 일이 있으신가요? 좀, 주저가 되지 않으시겠습니까? 그러나 이 여인은 조금의 망설임도 없습니다. 여인은 주저 없이 옥합을 깨트려 향유 전부를 주께 부어 드린 것입니다. 아니 이것은 향유를 드린 것이라고 할 수 없을 것입니다. 그녀의 존재, 그녀의 마음, 그녀의 사랑의 모든 것을 부어 드린 것입니다. 이 헌신이 하늘을 감동시키고, 주님을 감동시킨 것입니다. 그래서 주님으로 하여금 앞으로 복음이 전파되는 모든 곳에서, 모든 사람들에 의해 이 여인의 헌신이 영원토록 기억될 것이라고 말씀하시게 한 것입니다. 그렇다면 본문이 던지는 도전은 결코 향유의 문제도 옥합을 깨트리는 문제도 아니게 됩니다. 이것은 인생의 어느 시점에서 우리가 과연 복음의 목적을 위해 자기의 자아를 깨트려 드릴 수 있느냐는 통전적 헌신의 문제인 것입니다. 우리가 주께 드리는 모든 헌금의 기회, 감사의 기회는 이런 통전적 헌신을 테스트하는 시험의 기회일 따름입니다.

사람을 넘어 서서 구세주께 드려진 헌신이었기 때문이다

모든 헌신은 귀하고 아름다운 것입니다. 그러나 그 헌신이 사람이 아닌 구세주에게 드려진 헌신이라면 더욱 귀하고 더욱 아름다울 수밖에 없을 것입니다. 내 헌신의 대상이 나만이 아닌 온 세상을 구할 분이라면 그분이 얼마나 귀하고 아름다운 존재인지요. 랄프 마틴(Ralph P. Martin)이라는 성경학자는 오늘 본문의 베다니에서 마리아가 예수님의 머리에 기름을 부은 사건은 매우 상징적이고도 극적인 신학적인 행동이었다고 지적합니다. 구약에서 기름을 붓는 것은 왕이나 선지자, 제사장에게만 하는 행위였고, 궁극적으로 그것은 인류의 메시아에게 드려질 행위였습니다. 이 여인은 예수님이야말로 인류의 참된 왕이시고 선지자이시고 제사장이심을 믿었던 것입니다. 랄프 마틴은 신약 시대에서 예수님을 '십자가에 못 박히실 메시아'로 처음 믿은 사람이 아마도 이 여인이었을 것이라고까지 합니다. 왕이나 선지자 제사장은 그들의 직위에 취임할 때 기름 부음을 받습니다. 그러나 또 한 번 그들의 장례식에 그들의 사체에 기름을 부었습니다. 어쩌면 이 여인은 바로 그때 예수님의 죽으심의 때가 가까이 오고 있음을 직감하고 있었을지 모릅니다. 그렇다면 그때를 놓칠 수가 없다고 아마도 판단했을 것입니다. 아니 그분이 돌아가시면 그의 사체에 그녀가 접근하는 것은 불가능했을 것이기에 살아있는 구세주에게 그녀의 신앙의 고백을, 그리고 사랑의 고백을 드리는 것이 합당하다고 그녀는 아마도 판단했을 것입니다.

오늘의 본문은 예수님이 바로 이런 여인의 심정의 고백을 아시고 받으셨다고 증언하지 않습니까? 8절을 다시 함께 보겠습니다. "그는 힘을 다하여 내 몸에 향유를 부어 내 장례를 미리 준비하였느니라." 믿음의 고백은, 그리고 사랑의 고백은 아무 때나 할 수 있는 것이 아니라 할 수 있을 때에 해야 합니다. 십자가에 돌아가시기 직전 이 여인의 믿음과 사랑의 고백에 주님은 감동을 받으시고 이 여인의 헌신을 칭찬하시고 영원히 기억될 거라고 선포하셨듯이 말입니다.

베스트셀러와 영화로 우리에게 적지 않은 감동을 남겼던 작가 공지영의 「우리들의 행복한 시간」은 시간의 제한 속에 살고 있는 우리들에게 사랑의 고백의 중요성을 가르친 애절한 레슨이었습니다. 잘 나가는 집안에서 태어나 교수로 가수로 인기와 돈을 누리면서도 세 번이나 자살을 감행했던 미대 교수 유정과 잔인하게 세 사람이나 죽이고 사형을 기다리는 사형수 윤수는 서로의 거울이 되어 지금까지 살아온 인생을 돌아보게 됩니다. 상처 받고 상처 주는 인생 속에서도 사형수 면회 그리고 편지라는 마음을 여는 일련의 과정을 통해 그들은 서로에게 필요했던 하나님의 사랑의 치유를 경험하게 된 것입니다. 그러나 문제는 사형수 윤수에게는 살 시간이 넉넉하지 않다는 것입니다. 윤수가 남긴 마지막 편지에는 그런 회한이 묻어나고 있습니다.

"신께서 허락하신다면 살아서 마지막으로 내가 세상에 태어나 내 입으로 한 번도 해보지 못했던 그 말을 꼭 하고 싶었습니다. …사랑한다고 말입니다." 한 평론가는 이 책의 소감을 이런 만회할 수 없는 시간에 대한 안타까운 독백으로 마무리합니다. "그래도 죽기엔 너무 아깝지 않겠니? 네가 쓰레기통에 버리는 30분이지만 누군가는 간절하고 또 간절하게 기다리는 그 시간 그 시간….” 그 남은 시간에 여러분과 제가 할 일은 무엇이겠습니까? 그 시간에 우리를 위해 목숨을 내어주신 구세주이신 그분에게 사랑을 고백할 수 있다면 이 보다 더 큰 일, 이 보다 더 중요한 일, 그리고 이보다 더 아름다운 일이 어디에 있겠습니까?

 방 | 향 | 질 | 문

1. 오늘 당신이 주님께 드려야 할 감사는 무엇입니까?
2. 감사에서 한걸음 더 나아가 헌신을 드리기 위해 당신에게 있어야 할 결단은 무엇입니까?

"예수님께서 이르시되 내가 진실로 진실로 너희에게 이르노니 모세가 너희에게 하늘로부터 떡을 준 것이 아니라 내 아버지께서 너희에게 하늘로부터 참 떡을 주시나니 하나님의 떡은 하늘에서 내려 세상에 생명을 주는 것이니라 그들이 이르되 주여 이 떡을 항상 우리에게 주소서 예수님께서 이르시되 나는 생명의 떡이니 내게 오는 자는 결코 주리지 아니할 터이요 나를 믿는 자는 영원히 목마르지 아니하리라 그러나 내가 너희에게 이르기를 너희는 나를 보고도 믿지 아니하는도다 하였느니라 …내 살은 참된 양식이요 내 피는 참된 음료로다 내 살을 먹고 내 피를 마시는 자는 내 안에 거하고 나도 그의 안에 거하나니"(요 6:32-36, 55-56).

chapter 23

영원한 만족

우리는 '테레사' 하면 인도에서 사역한 노벨상 수여자인 마더 테레사를 먼저 연상할 것입니다. 그러나 주후 1500년대를 살았던 분 가운데 아빌라의 테레사(Teresa of Avila, 1515-1582)라는 분이 있었습니다. 그녀는 마틴 루터의 종교 개혁 직후 스페인에서 수도원 개혁에 헌신했던 여성 지도자였습니다. 그녀는 가톨릭 교회 안에 머물며 특히 수도원의 개혁만이 세상의 희망이라고 믿어 개혁 사역에 헌신했던 분입니다. 테레사는 본래 스페인 귀족 집안의 출신이었으나 모든 것을 버리고 '아빌라' 라는 곳에 있는 카르멜 수도원에 들어가 평생을 수도에 정진했습니다. 많은 핍박과 어려움을 경험하고 교회 지도자들에게조차 많은 오해를 받았지만 그녀는 결코 미소를 잃지 않았고 어떤 경우에도 세 가지 일을 쉬지 않았다고 합니다. 바로 기도하는 일, 시를 쓰는 일, 그리고 찬미하는 일이었습니다. 그녀가 세상을 떠났을 때 그녀가 남긴 전 재산은 짧은 세 문단으로 된 시 한 편이었다고 하는데 그 시를 소개하면 다음과 같습니다.

어느 것에도 마음이 흔들리지 말라
무엇에도 걱정하지 말라
모든 것은 지나가는 것

하나님은 변치 않으시나니
인내함으로
모든 것을 행할 것이라

하나님을 지닌 자
부족함이 없나니
하나님만으로 만족하도다 (Solo Dios basta)

그 이후 그리스도인 수도자들에게 이 고백은 최고의 갈망이 되어 왔습니다. "하나님만으로 만족합니다." 그러나 정말 오늘 우리는 하나님만으로 만족할 수 있을까요? 오늘 본문에서 예수님이 그런 선언을 하시고 계십니다. "예수님께서 이르시되 나는 생명의 떡이니 내게 오는 자는 결코 주리지 아니할 터이요 나를 믿는 자는 영원히 목마르지 아니하리라"(35절). 그러나 정말 이 선언이 우리의 경험이고 현실이 되기 위해서 우리가 할 일은 무엇일까요? 하나님이 내 인생의 만족이심을 고백하시기 위해 우리가 할 일은 무엇이겠습니까?

영원한 양식되신 그분을 발견해야 한다

그렇습니다. 먼저는 예수님 자신이 우리의 참되고 영원한 양식 자체이심을 깨닫고 발견하는 일입니다. 심지어 예수님의 은사나 기적조차도 우리의 해답이 아닙니다. 그러나 오늘 우리 중에는 신앙의 만족을 예수님 자신에게서 찾기보다도 예수님이 제공하시는 은사나 기적에서만 찾는 이들이 있습니다. 그러면 그들은 끊임없이 더 자극적인 은사나 희한한 기적을 찾아 은사 집회나 기적 집회, 신유 집회 등에서 계속 방황을 할 것입니다. 오해하지 마십시오. 저는 은사나 기적을 부인하진 않습니다. 그러나 은사나 기적도 인생을 만족하게 할 수 없다는 것을 말씀 드리는 것뿐입니다.

오늘 본문 말씀은 예수님의 오병이어의 기적 사건 이후에 주신 교훈이었습니다. 그렇다면 어떤 동기로 예수님은 이 말씀을 하셨을까요?

먼저 6장 26절 말씀을 보시겠습니다. "예수님께서 대답하여 이르시되 내가 진실로 진실로 너희에게 이르노니 너희가 나를 찾는 것은 표적을 본 까닭이 아니요 떡을 먹고 배부른 까닭이로다." 무슨 말입니까? 예수님의 기적은 그냥 기적(miracle)이 아니요 표적(sign)이었다는 것입니다. 사인 간판은 간판 그 자체를 나타내려는 것이 아니라 간판이 지시하는 내용을 선전하기 위한 것에 불과합니다. 그런데 당시의 사람들은 그것을 보지 못하고 기적만 보고 있었던 것입니다. 그리고 그 기적의 떡을 먹고 배부르다는 사실 때문에 예수님을 따르고 있었던 것입니다. 그러면 이 기적의 실체는 무엇일까요?

그것이 바로 본문 35절의 선언입니다. "내가 곧 생명의 떡이라"는 것입니다. 배고프고 목마른 사람들에게 떡이 필요하고 생수가 필요했던 것처럼 영적으로 배고프고 목마른 사람들에게 예수님 자신이 바로 그런 참되고 영원한 양식이 되신다는 것입니다. 6장 55절의 선언도 들어보시겠습니다. "내 살은 참된 양식이요 내 피는 참된 음료로다." 그러니까 5병2어의 기적을 베푸신 메시지의 핵심은 예수님을 통해서만 우리는 우리의 배고픔과 목마름을 해결할 수 있다는 것입니다. 여기 35절의 '나는'이란 선언의 의미는 하나님으로서의 자기 선언이라고 일컬어집니다. "나 하나님이 곧 생명의 떡이라"는 말입니다. 그가 하나님이시기에 그는 인생의 참 만족이 되실 수 있는 유일한 분이시라는 사실입니다. 그렇다면 이 5병2어의 기적 현장은 그 교훈을 전달하기 위한 사인에 불과하다는 것입니다. 이스라엘 백성들이 광야에서 체험한 만나의 현장도 하늘에서 배고픈 인생들에게 만나가 주어지듯 배고프고 목마른 인생들을 위해 하나님께로부터 예수님이 오심을 보여 주는 또 하나의 표적의 현장이었던 것입니다. 그렇습니다. 하나님의 아들로 이 세상에 오신 예수님만이 인생의 참된 만족이십니다. 이것이 바로 크리스마스의 메시지요 성탄의 의미인 것입니다.

여러분, 예수님이 탄생하신 장소가 어디였습니까? 베들레헴-맞습니다. 베들레헴의 의미가 무엇인지 아시나요? "떡 집"이라는 뜻입니다. 생명의 떡이신 예수님이 떡 집에 오신 것입니다. 하나님의 위트요 하나님의 유머가 아닌가요! 이제 중요한 것은 바로 이 베들레헴에 오신 역사적 예수 그리스도-바로 그분이 우리의 참되고 영원한 양식이심을 깨달으셔야 합니다.

영원한 양식되신 그분을 신뢰해야 한다

크리스마스의 사건을 모르는 사람들은 없습니다. 그러나 크리스마스의 축복을 경험하는 사람들은 너무도 적습니다. 왜 그럴까요? 크리스마스의 주인이신 예수님에게 사람들이 오지 않고 그를 믿지 않기 때문입니다. 다시 35절을 읽어 보십시오. "예수님께서 이르시되 나는 생명의 떡이니 내게 오는 자는 결코 주리지 아니할 터이요." 자, 어떤 사람에게 주리지 아니함과 목마르지 아니함이 약속되었습니까? '내게 오는 자' 즉 예수 그리스도에게 오는 자입니다. 이번에는 36절을 읽어 보겠습니다. "그러나 내가 너희에게 이르기를 너희는 나를 보고도 믿지 아니하는도다." 문제는 사람들이 그리스도에게로 오지 않는다는 것입니다. 더러는 예수님만이 해결이고 해답임을 인지하고 관심을 갖지만 끝내 그분을 믿는 자리에는 이르지 못한다는 것입니다. 이 얼마나 비극입니까? 길은 있는데 그 길을 걷지 못하고, 해답이 있는데 그 해답의 축복을 누리지 못하니 말입니다.

1930년대의 세계 문학계의 별은 단연 영국인 작가 윌리엄 서머셋 모옴(William Somerset Maugham)이었습니다. 1965년에 그가 91세가 되었을 때 그는 인간으로서 갈망하는 모든 것을 가지는 사람이 되었습니다. 그는 부를 가지고 있었고 인기와 명예를 가지고 있었습니다. 그에게는 전 세계에서 로열티가 계속해서 들어오고 있었고, 그는 아직도 한 주에 평균 300여 통의 팬레터를 받고 있었습니다. 그런데 그의 인생의 실체는 어떤 것이었을까요? 그가 죽기 전 지중해 연안에 자리 잡은 환상적인 그의 집을 방문하고 돌아온 조카 로빈 모옴(Robin Maugham)은 이런 글을 남깁니다. "나는 나의 아저씨 윌리가 거두어들인 성공의 대가로 그가 누리고 있는 아름다운 저택, 눈부신 정원, 그리고 값으로 환산하기 어려운 여러 가구들을 천천히 둘러보았다. 그는 은빛 접시에 하인들이 시중드는 식사를 하고 있었지만, 이 모든 것도 창백하고 지친 얼굴의 그에게는 아무런 의미도 없어 보였다. ……그런데 그 다음날 오후 소파에 몸을 비스듬히 기댄 채 큰 글씨 성경을 읽고 있던 그가 갑자기 내게 이렇게 말했다. '난 자네가 준 성경을 읽고 있다네……사람이 만일 온 천하를 얻고도 제 목숨을 잃으면 무엇이 유익하리요란 말을 읽었는데 말이지, 난 이미 늦었다는 생각이 드네. 난 실패자일세. 이제 내가 무엇을 할 수 있단 말인가? 도대체 이제 내가 누구를 믿고 다시 인생을 시작할 수 있단 말인가! 난 아직 죽지 않았을 뿐이네.'" 죽어가면서도 해답을 앞에 두고서도 그 해답을 신뢰하기를 거부하는 사람의 비극입니다. 예수님의 말씀은 얼마나 진리입니까? "너희가 나를 보고도 믿지 아니하는도다."

영원한 양식되신 그분과 연합해야 한다

우리는 본문을 통해 인생의 참되고 진정한 만족은 영원한 양식되신 예수님을 발견하고 그분을 신뢰함에 있다고 말씀 드렸습니다. 그런데 어떤 분이 난 그분을 믿고 그분 앞에 나아와 믿음의 삶을 살고 있음에도 왜 내 인생은 여전히 만족이 없느냐고 질문하실 수 있습니다. 아빌라의 테레사의 대답을 들려 드리겠습니다.

"그분과 우리 사이에 혹시 수도관에 이상이 생기지 않았는가를 점검하셔야 합니다. 수도의 파이프 라인이 막혀 있으면 아무리 수원지에서 생명의 물이 공급되고 있어도 우리는 목을 축일수가 없습니다. 먹어야 만족하고 마셔야 만족하지 않겠습니까? 회개의 기도, 참회의 기도는 이 파이프 라인을 청소하는 것입니다. 이렇게 해서 그분과 우리 사이에 막힌 것이 없으면 생명수가 흘러 들어오게 되어 있습니다. 우리의 갈한 목은 축여지고 우리의 배고픔은 포만감으로 바뀔 것입니다."

회심의 결단은 순간적이지만 신앙의 결단은 결코 일회적인 것이 아닙니다. 우리는 예수님을 믿을 때 주님 앞에 왔지만 우리는 오늘도 그분 앞에 계속 나아올 필요가 있습니다. 여기서 "내게 오는 자"라는 표현은 '계속해서 나아오는 자'(현재 분사)입니다. 계속해서 나아와 그분의 양식을 누리는 자는 한순간 그 양식이 바로 나 자신이 된 것을 경험하게 될 것입니다. 우리는 그의 떡을 먹고 그의 생수를 마시면서 우리가 바로 그 떡의 한 부분이 되고 우리가 바로 그 생수의 한 부분이 되는 것을 경험하게 될 것입니다. 예부터 우리의 선배 영성가들은 그런 경험을 '하나님과의 연합 혹은 일치'(union with God)라고 불렀습니다. "내 살을 먹고 내 피를 마시는 자는 내 안에 거하고 나도 그의 안에 거하나니"(요 6:56). 이 말씀이 그런 상태를 나타내는 것이 아니겠습니까? 그래서 우리 신앙의 선배들은 그들의 신앙 생활 혹은 기도 생활의 가장 중요한 목표를 하나님과의 온전한 연합에 두었던 것입니다.

설교의 서두에 소개한 아빌라의 테레사는 어느 날 기도의 깊은 자리에서 이런 주님의 음성을 듣게 됩니다. "네 안에 나를 가두려고 수고하지 말아라. 대신 내 안에 네가 갇히도록 하여라." "예, 그렇게 하겠습니다. 저를 주님 안에 가두어 주십시오" 하고 응답하자마자 그녀는 즉각적으로 일종의 영적 자유를 얻게 되었다고 고백합니다. 그때부터 그녀는 정말 누에고치를 벗어버린 나비처럼 날개를 펴고 주님의 깊은 임재를 향해 날아가기를 시작했다고 고백합니다. 그녀가 쓴 걸작인 「영혼의 성」(내면의 성, Interior Castle)은 주님이 계신 궁방 깊은 곳으로 나아가 우리 영혼이 주님과 결합하는 과정을 묘사하고 있습니다. 우리가 예수님을 믿고도 아직 내 인생이 불만으로 채워져 있다면 밖에서 원인을 찾지 마십시오. 다른 누구 때문에 다른 무엇 때문에 내 영혼이 메마르고 답답한 것이 아닙니다. 하나님과 나의 연합이 불완전하기 때문입니다. 그러면 어떻게 이 불완전함을 극복할 수 있겠습니까? 테레사는 '의지적으로라도 기도의 무릎을 꿇어야 한다'고 우리에게 충고합니다. 그리고 무릎 꿇은 그 자리에서 우리는 무엇보다 주의 은혜, 주의 자비를 구해야 한다고 말합니다. 이런 때에 '예수 기도'(Jesus Prayer)가 도움이 될 수 있습니다. "하나님의 아들이신 주 예수님이여, 죄인 된 저를 불쌍히 여겨 주소서"라고 기도해 보십시오.

아빌라의 테레사는 이 연합이 어느 정도 깊어지게 되면 우리는 주님의 은총의 도우심으로 영혼의 어둔 밤을 벗어나게 된다고 말합니다. 그리고 어느 한 순간 우리는 갑작스런 성령의 소낙비를 맞거나 은혜의 주권적인 부으심을 경험하게 된다고 고백합니다. 그녀는 한때 이런 기도의 깊은 자리에서 이렇게 소리칠 수밖에 없었다고 기록하고 있습니다. "주님, 이제 더 이상은 안 주셔도 됩니다. 아무 것도 안 주셔도 됩니다. 됐습니다. 이제 전 주님만으로 만족합니다."

이런 은혜가 사모되지 않으십니까? 이런 은혜의 부으심이 기다려지지 않으십니까? 온갖 불만으로 가득 찬 시대, 참된 만족함을 위해 이제 우리의 참되고 영원한 양식되신 그리스도 앞으로 나아오십시오. 그분을 깊이 새롭게 만나 보십시오.

 방 | 향 | 질 | 문

1. 당신은 그리스도와의 관계에 얼마나 만족하고 있습니까?
2. 그리스도와의 관계를 친밀하게 하는데 필요한 변화는 무엇입니까?

"에녹은 육십오 세에 므두셀라를 낳았고 므두셀라를 낳은 후 삼백 년을 하나님과 동행하며 자녀들을 낳았으며 그는 삼백육십오 세를 살았더라 에녹이 하나님과 동행하더니 하나님이 그를 데려가시므로 세상에 있지 아니하였더라"(창 5:21-24).

chapter 24

영원한 동행

저의 목회 생활의 경험을 통해서 성도들의 진지한 믿음 생활을 위한 가장 중요한 두 가지 요소를 지적한다면 하나는 구원의 확신이고, 또 하나는 신앙의 성숙이라고 할 수 있습니다. 그래서 우리 교회에서는 교회에 등록을 하시면 먼저 두 개의 성경 공부 필수 과정을 이수하도록 하고 있습니다. 하나는 새생명반이고, 또 하나는 새가족반입니다. 새생명반의 기본적인 목표는 구원의 확신 문제를 해결하는 것입니다. 다음 새가족반의 초점은 신앙의 기본적인 성숙을 돕는 것입니다. 그럼에도 불구하고 오늘날 교회에 다니면서도 여전히 구원의 확신을 갖지 못한 교인들이 적지 않습니다. 그것은 결국 그들은 명목상의 교인(nominal members)들로만 머물게 되는 결과를 초래할 것입니다. 이런 명목상의 교인들의 실존적 고민은 그들이 교회에는 나오지만 아직도 하나님(혹은 예수님)을 만났다는 간증을 할 수 없다는데 있습니다. 이런 분들이 필연적으로 겪게 되는 다음 결과는, 교회에 나온 세월은 오래되고 소위 교회에 적응하는 기술도 늘고 직분까지 받았어도 본질적인 내면의 신앙은 전혀 성숙하지 못하고 제자리걸음을 하고 있다는 사실입니다.

그러면 신앙 성숙의 구체적인 증거는 무엇일까요? 저는 그것이 하나님과의 동행이라고 생각합니다. 그런데 하나님을 만났다는 확신도 없는 분들에게 어떻게 하나님과의 동행을 기대하겠습니까? 만나야 동행을 하지 않겠습니까? 바울 사도는 어느 날 예수님 믿는 사람들을 핍박할 사명을 갖고 다메섹 길을 가다가 예수님을 만나게 됩니다. 강렬한 하늘의 빛을 만나 쓰러지는 순간 위로부터 들려오는 한 음성을 듣습니다. "사울아, 사울아, 네가 어찌하여 나를 핍박하느냐?" 그는 "주여 뉘시오니이까?"라고 묻습니다. 주님은 "나는 네가 핍박하는 나사렛 예수님"이라고 대답하십니다. 그날 바울과 예수님의 분명한 만남이 이루어집니다. 그리고 그날부터 그는 예수님과 동행하며 그를 증거하는 일생을 살게 되지 않습니까? 그러나 문제는 바울처럼 이런 분명한 회심의 경험이 없었던 사람들의 경우입니다. 주로 어려서부터 믿음의 환경 속에 있었던 분들이 이런 질문을 하게 됩니다. 이런 분들을 우리가 디모데형 그리스도인이라고 합니다. 저는 이런 분들에게도 그러나 성경 공부를 하면서 아니면 기도의 체험을 통해서라도 신앙 여정의 한때에 마침내 하나님이나 예수님의 존재와 사역에 대한 확신의 순간이 올 수 있다고 믿습니다. 그때부터 그런 분들에게도 하나님과의 동행이 본격적으로 시작된다고 믿습니다. 그때부터 영원을 향한 하늘의 내비게이션이 작동한다고 볼 수 있습니다. 그렇습니다. 신앙생활의 본질은 한마디로 하나님과 동행하는 삶입니다. 그런데 오늘 본문에는 하루 이틀이 아니라, 1년 2년이 아니라, 300년을 하나님과 동행한 에녹의 이야기가 소개되고 있습니다. 오늘 에녹에 대한 성경의 증언을 통해 성도들의 하나님과의 의미 있는 동행을 위한 네 가지 중요한 질문을 하고자 합니다.

동행의 계기는 무엇입니까?

오늘의 본문에서는 에녹의 하나님과의 동행의 계기가 그 아들의 출생 사건으로 되어 있습니다. 22절을 함께 읽겠습니다. "므두셀라를 낳은 후 삼백 년을 하나님과 동행하며 자녀들을 낳았으며." 여기 에녹이 '므두셀라'라는 아들을 낳기 전에 하나님과 동행했다는 기록이 없습니다. 그러므로 우리는 므두셀라라는 이름을 가진 아들의 출생이 아버지 에녹의 일생에 어떤 중요한 계기를 만들었다는 가정이 가능합니다. 여기서 뉴베리(Newberry)라는 한 성경학자의 설명을 인용하고자 합니다. 그는 '므두셀라'의 고대 중동에서의 통상적 의미가 "그가 죽으면 심판이 온다"(문자적 의미는 '창 던지는 사람. 그는 부족들의 전쟁에서 앞장서는 수호신과 같은 존재였는데 그가 죽으면 끝이 온다는 뜻으로 통용되었다고 전함)는 뜻이라고 전합니다. 그러면 에녹은 아들이 출생한 후 그 아들의 이름을 부를 때마다 아들을 통해 계시된 하나님의 심판을 상기했을 것입니다.

내가 산 인생은 어느 날 하나님 앞에서 반드시 결산되고 심판된다는 생각, 이 생각이 그로 하여금 그의 인생을 돌이켜 하나님과의 진지한 동행의 삶으로 들어가게 했다는 말입니다. 유다서 14-15절을 한 번 읽어 보십시오. "아담의 칠대 손 에녹이 이 사람들에 대하여도 예언하여 이르되 보라 주께서 그 수만의 거룩한 자와 함께 임하셨나니 이는 뭇 사람을 심판하사 모든 경건하지 않은 자가 경건하지 않게 행한 모든 경건하지 않은 일과 또 경건하지 않은 죄인들이 주를 거슬러 한 모든 완악한 말로 말미암아 그들을 정죄하려 하심이라 하였느니라." 분명한 것은 에녹은 심판을 믿고 심판을 설교했다는 점입니다. 그리고 이런 심판의 각성이 그로 하여금 하나님과 동행하는 삶의 전기를 만들었다는 것입니다. 내가 한 모든 경건치 않은 행동, 모든 경건치 않은 말이 반드시 심판된다는 것. 이것이 에녹의 삶의 새로운 전기가 되었습니다. 우리 인생의 마지막 결산의 순간이 빠르게 찾아올 것이 분명하다면 지금이야말로 하나님과의 동행을 결단할 시간이 아니겠습니까.

동행의 의미는 무엇입니까?

이렇게 질문을 바꾸어 보겠습니다. 부부의 동행의 의미는 무엇입니까? 서로 다른 개성과 지성을 가진 두 사람이 부부가 되어 인생의 길을 함께 걷는다는 의미가 대체 무엇이겠습니까? 아모스 선지자가 그 대답을 일러 주고 있습니다. "두 사람이 뜻이 같지 않은데 어찌 동행하겠으며"(암 3:3). 부부의 동행은 뜻의 조정을 통해 서로의 뜻을 맞추어 나가는 평생의 과정이라고 생각합니다. 그것이 불가능하다고 생각하는 부부들이 결국 파경에 도달하는 것이 아닙니까? 그런데 하나님과의 동행에 있어서는 내 뜻대로 살아 본 사람들이 그 내 뜻의 한계, 그 인간적 계획의 한계를 깨닫고 창조자이신 하나님의 뜻에 순종하기로 한 것이 동행의 전제를 형성하는 것입니다. 그렇다면 하나님과의 동행은 결국 하나님께 대한 순종의 과정인 것입니다. 그러면 "오늘 하루도 하나님과 동행하셨습니까?"라는 질문을 어떻게 바꿀 수 있을까요? "오늘 하루도 하나님께 순종하셨습니까?"가 될 것입니다.

그래서 영성 학자들은 성경에 나타난 가장 위대한 기도는 예수님께서 겟세마네 동산에서 십자가를 지시기 전날 밤에 드리신 기도였다고 합니다. "내 뜻대로 마옵시고 아버지의 뜻대로 하옵소서"라는 기도 말입니다. 우리가 성경을 읽고 묵상하는 궁극적인 목적도 결국은 "하나님의 뜻을 분별하고 순종하기 위해서 인 것"입니다. 그런 맥락에서 예수님도 "누구든지 하늘에 계신 내 아버지의 뜻대로 하는 자가 내 형제요 자매요 어머니이니라"(마 12:50)고 하십니다. 결국 우리 인생이 하나님과 동행한다는 의미가 무엇입니까? 그것은 끊임없이 하나님의 뜻을 분별하고 그에게 순종하는 삶을 결단하며 사는 것입니다. 그것이 바로 동행하는 삶의 의미인 것입니다.

동행의 방편은 무엇입니까?

어떻게 무엇을 하며 동행한단 말입니까? 한마디로 믿음과 소통입니다. 믿지 않고 동행할 수 없고, 소통하지 않고 동행할 수 없습니다. 모든 가정 붕괴의 비극은 결국 서로를 믿지 못하고 부부 상호간에 더 이상의 소통을 거부할 때 일어나는 것이 아니겠습니까? 히브리서 기자는 저 유명한 히브리서 11장에서 믿음으로 살아간 영웅들의 열전에서 에녹을 잊지 않았습니다. "믿음으로 에녹은 죽음을 보지 않고 옮겨졌으니… 그는 옮겨지기 전에 하나님을 기쁘시게 하는 자라 하는 증거를 받았느니라"(히 11:5). 그는 믿음으로 하나님과 동행했고 하나님을 기쁘시게 하는 자라는 증거를 남길 수 있었다고 기록합니다. 대체 어떻게 하나님과 동행했기에 그런 증거를 남길 수 있었던 것일까요? 그는 끊임없이 하나님의 뜻을 물었고 응답을 받아 움직이는 삶을 살았을 것입니다. 모든 의사소통의 혼란의 출발점은 상대의 뜻을 확인하려는 노력 없이 상대의 뜻을 자기 본위로 해석해 버리는 것입니다.

다윗 왕이 인간적인 결함이 적지 않은 사람이었음에도 불구하고 하나님이 그를 '하나님의 마음에 합한 사람'이라고 말한 이유가 어디에 있었겠습니까? 그것은 하나님의 뜻을 헤아리기 위한 끊임없는 소통의 노력 때문이었다고 성경은 증거합니다. 사무엘상 23장에 보면 블레셋 사람들이 '그일라'라는 마을을 점령해 들어오자 다윗이 보인 반응을 23장 2절은 이렇게 기록합니다. "다윗이 여호와께 묻자와 이르되 내가 가서 이 블레셋 사람들을 치리이까……" 그리고 다시 한 번 4절에서 "다윗이 여호와께 다시 묻자온대……"라고 기록되어 있습니다. 이토록 집요하게 하나님의 뜻을 헤아리고자 한 다윗을 하나님께서 어떻게 기뻐하지 않으실 수 있겠습니까? 성도 여러분, 이런 하나님을 신뢰하고 말씀과 기도로 하나님과 소통하는 남은 생애를 사시기를 기대합니다.

동행의 결과는 무엇입니까?

우리가 하나님과 동행할 때 기대할 수 있는 궁극적인 결과는 무엇일까요? 본문은 무엇보다도 우리가 하나님의 목적지에 하나님과 함께 도달하게 되리라는 것을 보여 줍니다. 그분이 우리 인생길에 주인되사 우리와 동행하시고 우리를 인도하신다면, 우리 인생이 결국 그분이 도달하신 목적지에 도달하리라는 것은 당연한 결론이 아니겠습니까?

본문 24절을 읽어 보십시오. "에녹이 하나님과 동행하더니 하나님이 그를 데려가시므로 세상에 있지 아니하였더라." 날마다 하나님과 동행하며 살아가던 어느 날 아마도 하나님은 에녹에게 이렇게 말씀하셨을 것입니다. "에녹아, 오늘은 우리가 좀 먼 곳으로 함께 여행을 해야 할 것 같구나." 그리고 하나님은 그를 지상에서 저 영원한 곳으로 옮기신 것입니다. 드디어 그의 지상 순례의 여정이 마무리 되는 순간이었습니다. 그리고 하늘의 내비게이션은 마지막 안내를 하게 됩니다. "목적지에 도착하셨습니다."

그렇습니다. 영원한 나라, 그곳이 바로 우리의 마지막 도착지입니다. 죽음이 우리의 종착역이 아니라, 천국이 우리의 종착역인 것입니다. 창세기 5장은 특히 이 사실을 에녹의 사건을 통해 우리에게 강조하려는 것으로 보입니다. 사실 창세기 5장의 처음은 아담의 족보를 소개하는 것으로 시작합니다. 창세기 5장 1절을 보십시오. "이것은 아담의 계보를 적은 책이니라." 그리고 본문 21절까지 이어지는 아담의 족보에 속한 모든 인생들의 종말을 성경은 다음과 같이 기록합니다. "죽었더라… 죽었더라." 그런데 처음으로 이 죽음을 극복한 사람의 이야기를 소개하는데 그것이 바로 에녹이었습니다. "하나님이 그를 데려가시므로 세상에 있지 아니하였더라." 그렇습니다. 우리는 어느 날 그냥 죽는 것이 아닙니다. 하나님이 우리를 데려가시는 것입니다. 저 영원한 나라로 말입니다. 그러면 우리는 더 이상 이 세상에 있지 않게 될 것입니다. 그것이 바로 우리들의 여행의 마지막 모습입니다. 실로 성도들의 죽음의 모습은 다양할 수 있습니다. 어떤 이는 질병으로, 어떤 이는 사고로, 또 어떤 이는 극히 예외적으로 에녹처럼 신비한 방법으로 저 세상으로 옮겨 가기도 합니다. 그리고 많은 경우 우리는 죽음의 이유를 알지 못한 채 그들과 작별을 해야 할 경우들이 적지 않습니다. 그러나 모든 성도의 마지막엔 하나의 분명한 공통점이 있습니다. 그것은 성도들은 그냥 죽는 것이 아니라 '하나님이 데려가신다는 것' 입니다.

지난 12월 8일 정오 경, 미국 샌디에고에서 미 F-18전투기가 훈련을 마치고 귀환하던 중 평화로운 주택가를 덮친 사고가 있었습니다. 한국인 그리스도인 가정으로, 일을 하러 나간 가장을 제외한 모든 가족(아내와 두 딸 하영이 하은이 그리고 산후 조리를 위해서 한국에서 방문 중이었던 장모님)이 전투기의 추락으로 운명한 사건을 보도를 통해 보신 기억이 있을 것입니다. 우리는 왜 이런 사고가 하필이면 그리스도인의 가정에서 일어났는지 그 이유를 알 길이 없습니다. 그러나 이 사건이 수많은 미국인들에게 감동을 일으키게 되는 사건으로 귀결된 것은 다음 날 그 가장의 간증 때문이었습니다.

다음날 사고 현장에서 있었던 기자 회견에서 가장인 윤동윤(37세) 씨는 이렇게 말한 것으로 보도되었습니다. "하나님이 뜻이 있어 아내와 딸들 그리고 장모님을 데려가셨다는 것을 믿습니다. 저는 하나님과 제 가족들이 원하는 것이 무엇인가를 생각하며 살아갈 것입니다. 그리고 조종사도 최선을 다한 것이므로 그를 용서하고자 합니다."

　장례 후에 교회에는 수백 통의 전화와 이 메일이 답지했다고 합니다. 묘지를 무료로 제공하겠다는 사람들, 무료로 법적 자문을 자원한 변호사, 정신과 치료를 제공하겠다는 의사, 헌금을 보내온 사람들, 장미꽃들을 보내고, 추모 웹 사이트가 만들어지는 등, 윤동윤 씨의 간증에 대한 감동을 고백하는 사연들이 답지하고 있다고 합니다. 장례식에 참여한 한 기자는 이렇게 소감을 적고 있습니다. "동윤 씨는 결코 혼자가 아닙니다. 하나님이, 교회가, 이웃들이, 아니 온 국민들이 함께 아파하고 있습니다. 그리고 하나님은 우리가 알지 못하는 어떤 일을 이루고 계십니다."

　이제 중요한 것은 이것입니다. 에녹처럼 혹은 윤동윤 씨 가족처럼 우리가 이 세상에서 옮기우면서 하나님을 기쁘시게 한 자라는 마지막 간증을 남기고 그 영원한 나라로 떠날 수 있느냐는 것입니다. 진실로 우리 인생이 그분과의 영원한 동행이 되기 위해서 말입니다.

 방 | 향 | 질 | 문

1. 당신의 QT(경건의 시간) 생활은 어떤 상태에 있습니까?

2. 주님과의 영원한 동행이 깊어지고 아름다워지기 위해 오늘 당신에게 있어야 할 변화는 무엇입니까?

사명선언문

너희가 흠이 없고 순전하여……세상에서 그들 가운데 빛들로
나타내며 생명의 말씀을 밝혀 _ 빌 2:15-16

1. 생명을 담겠습니다
만드는 책에 주님 주신 생명을 담겠습니다.
그 책으로 복음을 선포하겠습니다.

2. 말씀을 밝히겠습니다
생명의 근본은 말씀입니다.
말씀을 밝혀 성도와 교회의 성장을 돕겠습니다.

3. 빛이 되겠습니다
시대와 영혼의 어두움을 밝혀 주님 앞으로 이끄는
빛이 되는 책을 만들겠습니다.

4. 순전히 행하겠습니다
책을 만들고 전하는 일과 경영하는 일에 부끄러움이 없는
정직함으로 행하겠습니다.

5. 끝까지 전파하겠습니다
모든 사람에게, 땅 끝까지, 주님 오시는 그날까지
복음을 전하는 사명을 다하겠습니다.

서점 안내

광화문점 서울시 종로구 새문안로 69 구세군회관 1층
02)737-2288 / 02)737-4623(F)

강남점 서울시 서초구 신반포로 177 반포쇼핑타운 3동 2층
02)595-1211 / 02)595-3549(F)

구로점 서울시 동작구 시흥대로 602, 3층 302호
02)858-8744 / 02)838-0653(F)

노원점 서울시 노원구 동일로 1366 삼봉빌딩 지하 1층
02)938-7979 / 02)3391-6169(F)

분당점 경기도 성남시 분당구 황새울로 315 대현빌딩 3층
031)707-5566 / 031)707-4999(F)

일산점 경기도 고양시 일산서구 중앙로 1391 레이크타운 지하 1층
031)916-8787 / 031)916-8788(F)

의정부점 경기도 의정부시 청사로47번길 12 성산타워 3층
031)845-0600 / 031)852-6930(F)

인터넷서점 www.lifebook.co.kr